아이를 움직이는

한 줄
고전의
힘

아이가 내 마음 같지 않을 때

아이를 움직이는

한 줄
고전의
힘

바른 교육 시리즈 34

이은정 지음

서사원

'아이가 내 마음 같지 않다.'

아이를 키우면서, 그리고 반 아이들을 가르치면서 종종 드는 생각입니다. 모든 아이가 내 마음과 같을 수는 없지만, 그럼에도 같아야 하는 것이 있습니다. 더불어 행복하게 살아가기 위한 최소한의 덕입니다.

저도 제 마음 하나 다스리기 쉽지 않은데 어른으로서 아이를 잘 가르치자니 어렵습니다. 쉽지는 않겠지만 우리 아이들을 바른 인성을 가진 행복한 사람으로 키워내고 싶습니다. 모든 부모와 교사가 같은 마음이겠지요. 다만, 매사에 '이게 옳다, 저게 옳다' 하는 엄마나 선생님이 되고 싶지는 않았습니다. 아이는 그저 매일 듣는 잔소리라고 생각할 때가 많거든요. 그래서 어떻게 하면 아이에게 필요한 덕목을 잘 알려줄 수 있을지 고민했습니다. 타이르는 말도, 따뜻한 이야기도, 좋은 책도 모두 좋은 방법이 될 겁니다. 그중에서도 저는 고전을 떠올렸습니다. 고전에는 오랫동안 인간의 삶을 관찰하고 통찰한 지혜의 정수가 담겨 있기 때문입니다.

교실에서는 늘 이런저런 일이 일어납니다. 훈훈한 온기가 가득한 날도 있고, 아이들끼리 다투고 갈등을 일으켜 냉랭한 날도 있지요. 아이들도 참으로 다양합니다. 항상 긍정적이고 공부도 열심히 하는 아이가 있는 반면, 매번 힘들다고 투덜거리는 아이, 친구의 작은 실수도 참지 못하고 화를 내는 아이, 아무런 의욕이 없는 아이도 있습니다. 아이들이 겪는 크고 작은 문제를 살펴보며 몇 가지 범주로 그 유형을 나누어 보았습니다. 그리고 아이의 고민을 어루만질 수 있는 고전 글귀를 찾아 함께 읽었습니다.

아이가 고전을 읽고 생활 속에 적용하는 모습을 보면 뿌듯합니다. 아이들의 기발한 생각과 독특한 발상은 언제나 신선한 즐거움을 주지요. 물론 어려울 때도 있습니다. 아이가 자기만의 고정관념으로 가득 차서 어떤 이야기를 해도 잘 받아들이지 않을 때도 있거든요. 이건 아니다 싶을 때는 당장 고쳐주고 싶은 마음이 들기도 합니다. 그래도 억지로 바꾸려고 하기보다 기다리는 마음으로 찬찬히 대화를 나눕니다. 이때 고전은 든든한 지원군입니다. 한 가지 확실한 것은 고전이 아이의 마음 밭에 좋은 거름이 되는 순간이 있다는 겁니다.

이 책에서는 아이들이 교실이나 가정에서 겪는 여러 문제의 해답을 고전에서 구하고자 합니다. 아울러 아이가 고전 글귀를 읽고 어떻게 생각했는지, 아이와 어떤 대화를 나누었는지도 함께 실었습니다. 아이의 자존감을 높이고, 배움에 대한 즐거움을 얻으며, 타인과 자신의 감정을 다룰 줄 알고, 원만한 관계를 맺고, 미래를 꿈꾸는 아이로 자랄 수 있도록 동양 고전을 양식 삼아 읽어보기를 바랍니다.

1부에서는 고전을 읽는 개괄적인 방법을 소개합니다. 고전을 읽어야 하는 이유와 더불어 고전을 재미있게 읽는 방법, 고전 수업을 하면서 가장 많이 받았던 질문을 정리해 부모와 학생을 위한 고전 밀착 처방 열 가지를 안내합니다. 2부에서는 보다 심층적으로 아이 마음이 흔들릴 때 잡아줄 수 있는 고전 글귀와 부모가 아이와 대화할 때 도움이 될 만한 참고 자료, 그리고 아이들과 고전을 다루었던 사례를 썼습니다. 부록 편에는 아이와 완역서로 읽으면 좋을 고전을 안내합니다.

이 책을 참고하여 고전을 쉽게 접근할 수 있기를 바랍니다. 아이와 함께 읽고 가벼운 대화를 나누어도 좋고, 마음에 드는 글귀를 만나면 필사해도 좋습니다.

아이들을 위해 고전 수업을 했지만 실은 제가 더 좋았습니다. 아이의 생각은 말랑말랑한데 저는 굳은 부분이 많았거든요. 아이가 오히려 제 생각을 바꾸어주는 경우도 많았습니다. 이제 아이의 이야기를 들어봅시다. 내 아이는 요즘 어떤 생각과 고민을 하고 있을까요? 책의 순서를 살펴보며 아이와 가장 이야기 나누고 싶은 부분부터 시작해보세요.

언제나 응원합니다.

이은정 드림

차례

들어가며 4

1부

초등학생에게 꼭 필요한
고전 가까이하기

1장 | **다시, 고전의 힘**
왜 고전을 읽어야 할까요?

삶의 지혜를 배운다 15
나를 드러낼 수 있다 18
진정한 독서의 밑거름이 된다 21
천천히 읽는 습관을 기를 수 있다 24
객관적으로 자신을 돌아볼 수 있다 28
동양 고전은 실용적이고 활용성이 높다 31

2장 | **고전 읽기 처방전**
어떻게 하면 재미있게 읽을 수 있을까요?

고전을 즐겁게 읽는 법 37
1) 흥미와 관심 유발하기   2) 마음에 드는 문장 찾기
3) 문장 필사하기   4) 파란색 펜으로 생각 쓰기
5) 대화 나누기   6) 친구와 함께 읽기

3장 | 부모와 학생을 위한 밀착 처방 열 가지

부모편 한자 교육과 병행해야 할까요? 53
아이가 내용 해석을 잘못했어요 55
언제부터 시작해야 할까요? 58
무슨 말을 어떻게 나눠야 할지 막막해요 60
필사만으로 효과가 있을까요? 62

학생편 이런 걸 왜 해야 돼요? 64
무슨 말인지 모르겠어요 66
하기 싫어요 70
쓸 말이 없어요 72
지금 시대와 맞지 않아요 74

동양 고전으로
단단한 마음 키우기

1장 | 자존감이 높은 아이

다른 사람이 부러워요 ·《명심보감》 79
주목받고 싶어요 ·《논어》 85
불평할 일 투성이예요 ·《채근담》 91
귀찮아서 안 하고 싶어요 ·《명심보감》 98
인기가 많았으면 좋겠어요 ·《논어》 105

전 못해요 · 《맹자》 111

나는 누구일까요? · 《도덕경》 117

용기 있는 사람이 되고 싶어요 · 《맹자》 124

2장 | 배움이 즐거운 아이

공부를 잘하고 싶어요 · 《순자》 133

왜 배워야 할까요? · 《명심보감》 140

'배움'과 '생각'은 어떻게 다른가요? · 《논어》 146

새로운 경험이 두려워요 · 《명심보감》 153

왜 공부를 해야 할까요? · 《논어》 159

왜 책을 읽어야 할까요? · 《격몽요결》 166

목적을 이루어야만 성공한 삶일까요? · 《맹자》 173

어떻게 하면 계획을 잘 실천할 수 있나요? · 《명심보감》 180

3장 | 감정을 잘 다루는 아이

화가 나서 참을 수가 없어요 · 《손자병법》 187

왜 착하게 살아야 하나요? · 《명심보감》 194

마음이 너무 힘들어요 · 《열하일기》 202

고민만 산더미고 실천을 못 해요 · 《논어》 209

친구에게 질투가 나요 · 《채근담》 215

마음이 조급해요 · 《맹자》 222

남이 나를 괴롭게 해요 · 《명심보감》 228

한번 토라지면 오래가요 · 《채근담》 235

4장 | 관계 맺음이 좋은 아이

어른의 충고는 꼭 들어야 하나요? •《채근담》 243

친구의 험담을 들었어요 •《논어》 250

윗사람이 중요한가요? •《명심보감》 256

친구 관계가 고민이에요 •《논어》 262

부모님을 사랑하지만 자꾸 부딪쳐요 •《명심보감》 269

친구가 내 마음을 몰라줘요 •《맹자》 277

어려움에 처한 친구가 있어요 •《중용》 284

형제자매와 갈등이 있어요 •《사자소학》 290

5장 | 미래를 그리는 아이

실패가 두려워요 •《격몽요결》 299

적성은 어떻게 찾아야 할까요? •《채근담》 305

어차피 해도 안 돼요 •《대학》 312

아무것도 안 하고 놀고 싶어요 •《채근담》 319

시작하기에 너무 늦은 것 아닐까요? •《논어》 326

뭐부터 해야 하죠? •《대학》 333

실천으로 옮기기가 너무 어려워요 •《논어》 340

나에게 맞는 직업은 뭘까요? •《손자병법》 347

나가며 354

부록1 이 책만은 꼭 완역본으로 읽어보세요! 361
부록2 동양 고전 초등 도서 목록 372

1부

초등학생에게 꼭 필요한
고전 가까이하기

왜 고전을
읽어야 할까요?

삶의 지혜를 배운다

고전은 오랜 역사에 걸쳐 그 문학적인 가치가 인정되었을 뿐
만 아니라 후대에도 영향을 끼치는 작품을 말합니다. 고전을
읽다 보면 왜 고전인지 직감적으로 알 때가 있습니다. 단 한
문장에 압도되기도 하고 여러 번 문장을 곱씹으며 음미하기도
합니다. 고전이 여러 사람에게 힘 있게 와닿는 이유는 사람이
살아가는 데 필요한 지혜가 함축되어 있기 때문입니다. 고전
이 주는 지혜는 크게 세 가지가 있습니다.

첫째, 익숙한 일상을 새롭게 보게 합니다. 우리는 종종 반복
되는 일상에 지루함을 느낍니다. 학령기에서 성인까지 활동하
는 장소만 다를 뿐 하루 일과는 크게 바뀌지 않습니다. 그러나

반복되는 일상 속에서도 만족과 기쁨을 찾을 수 있다면 더 이상 지루하지 않습니다. 요한나 슈피리의 소설《하이디》를 보면 스위스의 전경이 아름답게 묘사됩니다. 아름다운 풍경이라도 매일 보면 감흥이 없을 텐데 하이디는 알프스의 해 질 녘 모습에 날마다 감탄합니다. 독자는 하이디를 통해 익숙한 일상을 새롭게 보는 법을 배웁니다. 이처럼 고전에서 만나는 수많은 인물은 독자에게 삶을 바라보는 새로운 시선을 가르쳐줍니다.

둘째, 정말 중요한 것이 무엇인지 생각하게 합니다. 고전은 결과보다는 과정을, 미래의 목표만이 아니라 현재의 기쁨을 누리라고 말합니다. 학년이 올라갈수록 친구의 성적이 좋으면 괜히 불안해집니다. 과정이야 어떻든 일단 친구만큼은 결과를 내고 싶지요. 부모도 내 아이와 옆집 아이가 다르다는 걸 알면서도 마음이 놓이지 않습니다. 뭐라도 자꾸 시켜야 할 것 같고 부족한 것만 눈에 들어옵니다. 괜히 아이 탓, 아내 탓, 남편 탓, 주변 탓을 하게 됩니다. 숲속에서 길을 잃었을 때 높은 곳에 올라가면 쉽게 길을 찾을 수 있듯이 일상에서도 답이 안 보일 때는 높은 곳에 올라가야 합니다. 높은 곳에 올라가는 방법이 고전입니다.

셋째, 삶의 가치관과 방향을 잡아줍니다. 좋은 학교와 직장을 그만두고 여행을 떠나거나, 주변의 우려에도 개의치 않고 새로운 삶을 개척하는 사람들이 있습니다. 그들의 용기는 어디서 나오는 걸까요? 바로 뚜렷한 삶의 목적에서 나옵니다. 삶의 목적이 뚜렷한 사람은 말에 힘이 있고 행동에 거침이 없습니다. 당당한 기상으로 주변에도 큰 영향을 미칩니다. 그런데 주위를 둘러보면 공부하라니까 하고, 결혼하라니까 하고, 직장도 적성이 아닌 평판에 휩쓸려 결정합니다. 강물처럼 떠밀려 가는 삶은 힘이 없습니다. 고전은 우리가 삶의 주도권을 지킬 수 있도록 도와줍니다. '공부는 왜 해야 하지?' '배움이라는 것은 뭘까?' '나는 어떤 사람이 되어야 할까?' 등 삶의 중요한 문제를 생각하게 합니다. 마주한 과제를 해결하며 그저 하루하루 살아가는 것이 아니라 인생을 멀리 보고 삶의 방향키를 잡게끔 끊임없이 고민하게 하지요.

고전은 고리타분한 것일까요? 아닙니다. 오히려 새롭고 진취적입니다. 일상을 새롭게 보게 하고, 삶을 만족과 감사로 채워줍니다. 삶의 주도권을 쥐고 용기 있게 살도록 합니다. 고전은 옆에 끼고 읽어야 합니다. 읽고 또 읽어야 합니다. 읽을 때마다 보이는 게 다르고 같은 문장이라도 다르게 해석할 수 있습니다. 이따금 멈춰서 일상을 다듬어갈 지혜가 담긴 글이 바로 고전입니다.

나를 드러낼 수 있다

초등 필독 도서를 보면 지식 전달 요소가 많습니다. 물론 책을 통해 지적 호기심을 채우는 것도 중요합니다. 하지만 자신을 살펴보는 시간도 필요합니다. 책은 자신을 드러나게 합니다. 아이마다 밑줄 긋고 귀 접는 부분이 다르거든요. 같은 책을 읽어도 아이들의 독서 노트 또한 다릅니다. 그중에서도 자신을 가장 잘 돌아볼 수 있는 책이 고전입니다.

학생들은 배울 내용이 참 많습니다. 5학년 담임을 맡고 교과서를 살펴보는데 공부해야 할 분량이 만만치 않습니다. 배울 양이 많으면 진도에 쫓겨 지식 습득에만 초점을 맞출 때도 있습니다. 그러다 보니 아이들은 자신의 이야기를 풀어낼 시간이 부족합니다. 부모도 아이의 이야기를 진득하게 듣고 있기엔 마음이 바쁩니다. 지식 습득도 중요하지만 자신을 드러내는 경험을 해보아야 고유성을 찾을 수 있습니다. 최근 퍼스널 브랜딩에 대한 관심이 높습니다. 강점과 매력, 전문성을 찾아서 꾸준히 노력하고 결과물을 내다 보면 직업과는 별개로 SNS만으로도 부가가치를 창출할 수 있는 시대니까요.

그런데 자신의 콘텐츠를 찾기 위해 컨설팅을 받는 것보다 우선시해야 할 일은 무엇일까요? 바로 자신을 직접 알아보는 것입니다. 자신을 알아보려면 어떻게 해야 할까요? 먼저 재료가 필요합니다. 아이에게 곧바로 자기 이야기를 하라고 하면 어려워합니다. 오늘 있었던 일은 어제와 다르지도 특별하지도 않으니까요. 이때 고전이 이야기의 씨앗 역할을 합니다. 고전에는 글귀에 따라 여러 생각할 거리가 있습니다. 고전은, 나는 누구이고 무엇을 좋아하는지, 이것을 왜 해야 하는지, 무언가를 어떻게 생각하는지 들여다보고 꺼낼 수 있게 합니다.

아침에 《논어》의 글귀 하나를 칠판에 썼습니다.

무엇을 안다는 것은 좋아하는 것만 못하고
좋아한다는 것은 즐기는 것만 못하다.

—《논어》 제6편 옹야

즐겁게 하다 보니 자기도 모르게 잘하게 된 것이 있는지 물었습니다. 잠시 후, 추상적이고 함축적인 문장을 읽은 아이들이 저마다 자신만의 경험을 이야기합니다. 한 명, 두 명 발표하더니 여러 명이 손을 들기 시작합니다. 자기 이야기를 무척이나 하고 싶은 몇 명은 눈에 간절함이 느껴지기까지 합니다. 자전거를 신나게 타다 보니 지금 무척 잘 탄다는 아이를 시작으로 종이접기, 영상 만들기, 요리하기, 뮤지컬, 식물 키우기 등 본인이 즐겨 하는 취미 생활에 대해 눈을 반짝이며 이야기를 꺼냈습니다. 우리 반 아이들의 특기가 이렇게 다양한지 처음 알았습니다. 한 해 동안 아이들과 동고동락하더라도 바쁜 학사 일정을 따라가다 보면 의외로 편안한 대화 시간을 갖기가 어렵습니다. 그런데 잠시 시간을 내어 고전 글귀 하나를 나누었더니 아이들이 평소에 품고 있던 여러 가지 이야기를 들을 수 있었습니다. 고전 글귀 하나가 이야기 물꼬를 터준 겁니다. 그뿐 아니라 《논어》의 글귀를 통해 좋아하고 즐기면 잘할 수 있다는 사실 또한 자연스레 깨달았겠죠?

진정한 독서의 밑거름이 된다

아이가 독서하는 모습을 보면 참 좋습니다. 아무것도 안 읽는 것보다는 만화책이라도 읽으면 좋고, 만화책보다는 장편 동화가 낫고, 장편 동화보다는 세계 명작이나 고전을 읽으면 더 좋습니다. 아이가 고전도 잘 본다면 독서 교육은 성공한 것이나 다름없습니다. 아이가 책의 진정한 재미를 느꼈다는 뜻이기 때문입니다.

사이토 다카시는 《독서력》에서 흥미 본위의 독서에서 탈피할 수 있도록 다리가 되어주는 책만이 독서력을 형성하는 데 결정적인 역할을 한다고 말합니다. 영구치를 만드는 독서가 이후의 독서 습관에 큰 영향을 미친다고 강조하지요. 영구치를 만드는 독서는 무엇일까요? 예를 들면 이런 겁니다. 책을 안 읽으면 뭔가 부족함을 느끼고, 어려운 책도 궁금하고 읽어보고 싶습니다. 힘든 일이 있을 때는 지혜를 얻고자 적극적으로 독서를 하려 합니다. 때론 지루해도 새로운 면을 배울 수 있기에 책을 놓지 않습니다. 이와 같은 상태가 되어야 진정한 독서력을 갖추었다고 볼 수 있습니다.

이 정도 수준이 되려면 책이 유익하다는 경험을 해야 합니다. 생각 수준이 높아지는 경험을 직접 해야 합니다. 그런 경험은 어떻게 할 수 있을까요? 바로 고전을 통해 할 수 있습니다. 어른들도 현재 고민하는 상황과 딱 맞는 글을 만나면 감탄하지요. 사실 감탄은 아이들이 더 잘합니다. "오늘 이 문장 너무 좋아요. 왠지 저에게 하는 말 같아요. 와닿아요." 아이들은 가지각색으로 표현합니다. 아이들이 속담이나 명언, 고사성어를 좋아하는 것도 같은 맥락입니다. 오랜 세월에 걸쳐 전해 내려온 글은 생활 속 지혜를 건네주기 때문이지요. 고전은 시작할 때의 진입 장벽이 조금 있을 뿐 일단 시작만 하면 아이들에게 꽤 반응이 좋습니다.

분명 시작은 어색합니다. 하지만 영구치는 평생 가잖아요? 고전 읽기는 아이에게 오래도록 함께할 '영구치 독서력'을 갖추게 하는 손쉬운 방법 중의 하나입니다. 아이들이 즐겨 읽는 이야기책에 비하면 다소 딱딱하게 느껴지지만 한 줄 한 줄 배우는 재미가 있고, 쓰임이 다채롭습니다. 고전은 아이의 독서에 튼튼한 뿌리가 됩니다.

천천히 읽는 습관을 기를 수 있다

학교에서 '온작품 책 읽기' 시간을 주었습니다. 10분도 지나지 않아서 한 아이가 다 읽었다고 손을 듭니다. 조금 당황스럽습니다. 저도 아이의 손에 들린 책을 읽으려면 2시간은 족히 걸리거든요. 물론 아이마다 원하는 스타일대로 읽을 권리가 있지만 꼼꼼히 읽어야 하는 책조차 술술 읽어버리면 난감합니다. 속독이 습관이 된 아이들에게 재독을 여러 번 권하기도 하고 의식적으로 천천히 읽어보라고 지도를 하고 있지만 이래저래 아쉬운 점이 많습니다.

속독도 일종의 책 읽는 습관이라고 볼 수 있습니다. 요즘 초등학생들은 책을 많이 읽지만 술술 읽히는 책, 이를테면 만화

책에 익숙합니다. 게다가 만화책조차 관심 있는 부분만 읽고 넘어갑니다. 디테일한 상황 묘사나 복잡한 정보 글은 꼼꼼히 음미하기보다는 설렁설렁 읽는 경우가 많습니다. 모든 책을 정독해야 할 필요는 없지만 가끔은 이러한 독서 습관을 바로잡을 필요가 있습니다. 여기에도 고전이 좋습니다. 한 문장이라도 천천히 뜯어보고 무슨 의미인지 골똘히 생각해보는 경험은 정독 습관을 기르게 합니다.

칠판에 글을 써놓으면 아이들이 와서 물어봅니다. 특히 자기에게 꽂힌 한 줄에 대해 말할 때가 많아요.

"선생님! 오늘 고전 글귀가 이상해요. 혹시 잘못된 거 아니에요? '아버지 날 낳으시고'라니요? 아버지가 어떻게 아이를 낳아요?"

"선생님, 오늘 글귀는 말이 안 돼요. 남이 나를 해롭게 하는 게 어떻게 복인가요?"

아이의 상식과 상충되는 글귀가 있는 날이면 출근해서 가방을 내려놓기도 전에 질문 세례가 쏟아집니다. 고전은 반어 표현도 많고, 한번 돌려서 생각해야 하는 글귀도 많습니다. 아이들이 이상하게 생각할 점들이 여러 군데에 있지요. 그래서 재밌습니다. 예를 들어 《명심보감》 제7편 계성(戒性)에는 이런 글귀가 있습니다.

총명하고 지혜로워도 어리석음을 지녀라.

공적이 세상에 가득해도 겸양을 지녀라.

용기를 세상에 떨쳤어도 소심함을 지녀라.

세상을 다 소유할 만큼 부자라도 겸손을 지녀라.

다소 추상적인 글입니다. 아이들과 대화를 나누다 보면 한 줄만 가지고 20분 이상 이야기할 때가 있습니다. 모르는 단어에 대해서 알아가는 시간도 필요하고요. 예를 들면 '공적' '겸양'이 무슨 뜻인지 알아봅니다. 그다음 각 줄로 옮겨가서 "총명하고 지혜로운데 왜 어리석음을 지녀야 하지?"라고 질문합니다. 여러 가지 사례를 얹어서 이야기해봅니다. 비슷한 경험을 발표해도 좋고요. 아이들의 생활 속 쉬운 말로도 바꾸어봅니다.

"사람이 너무 잘나고 잘해버리면 매력이 없습니다! 어느 정도 빈틈도 있어야죠."

"똑똑하고 재주 많은 건 다른 사람도 아는데 본인이 나서서 잘난 척하면 진짜 싫을 것 같아요."

아이들도 자기 의견을 얘기합니다. 그럼 어떻게 해야 총명하고 지혜롭되 어리석음을 지닐 수 있을지 생각해봅니다. 구체적인 실천 방안을 생각해보는 거죠. 아이들이 얘기한 실천 방안은 이렇습니다.

'내가 잘하는 점이 있듯이 친구가 잘하는 점은 무엇인지 찾아보고 칭찬해주기' '내가 잘 아는 수학 문제를 친구가 못 풀더라도 '너 그것도 모르냐?'라고 말하는 대신에 자세하게 알려주기' 등입니다.

아이들의 대답을 듣다 보면 깜짝 놀랄 때가 많습니다. 훌륭한 대답들이 많거든요. 고전의 추상적인 글귀를 우리만의 생활 언어로 바꾸는 작업은 인성 지도에도 좋습니다.

아이들과 한참을 얘기한 구절은 판서한 네 줄 중의 딱 한 줄, '총명하고 지혜롭더라도 어리석음을 지녀라'입니다. 이야기책으로는 한 줄을 가지고 길게 이야기하기 어렵습니다. 하지만 고전은 한 줄로도 많은 이야기를 나눌 수 있습니다. 눈으로 훑어 내려가는 읽기 대신에 한 줄에 눈길을 오래 머물게 하는 연습을 할 수 있습니다. 이렇게 한 줄에 시선을 두고 생각하는 습관이 들면 이야기책을 읽으면서도 주제가 담긴 문장에 오래 머물며 생각하는 힘이 생깁니다. 일반 독서와 고전 독서를 병행하다 보면 아이들도 자연스럽게 속독과 정독을 적절하게 조절할 수 있습니다.

객관적으로 자신을 돌아볼 수 있다

마르쿠스 아우렐리우스의 저서 《명상록》에는 이런 글이 있습니다.

> 어떤 일이 있을 때, 그 사람의 잘못이라고 생각하게 되었다면, 그 사람이 잘못한 것이라고 내가 생각하는 것이 과연 맞는 것인가.

남편이 늦게 퇴근한 날입니다. 아이를 재우고 청소까지 마무리하고 잤는데 새벽에 일어나니 남편이 벗어놓은 옷과 음식을 먹고 그대로 놔둔 그릇이 훤히 보입니다. 가슴이 탁 막힙니다. 퇴근해서 앉지도 못하고 종종거리면서 다 치웠는데 일거리가 다시 쌓였으니까요. 순간 짜증이 납니다. 아마 남편이 눈앞에 있었다면 화를 내고 말았을 겁니다.

　새벽같이 출근한 남편을 뒤로하고 출근을 하기 위해 운전대를 잡습니다. 운전을 하면서 마음을 가라앉힙니다. 이 생각 저 생각이 머릿속에 둥둥 떠다닙니다. 나는 그 사람이 잘못한 것이라고 생각하지만 《명상록》 글귀처럼 조금 물러나봅니다. 남편이 저녁밥도 먹지 못하고 밤늦도록 일하다가 집에 왔다는 점, 그리고 오늘 다시 새벽같이 출근했다는 점, 몸이 지치고 피곤해서 아무것도 하기 싫었을 거라는 점 등을 생각합니다. 한숨을 푹 내뱉습니다. 직장에 육아에 정신없는 나도 중요하지만, 하루 종일 일하고서 피곤한 몸으로 퇴근한 남편의 마음도 한 번쯤 생각합니다. 치우는 사람을 생각해 뒷정리는 꼭 해주면 좋겠다고 말은 하겠지만 부드럽게 얘기하자고 다짐합니다. 물론 매번 성공하는 건 아니지만요.

　고전은 인간이 보편적으로 느끼는 감정, 행동 방식, 갈등 상황에서 한 차원 위의 성숙한 생각을 하도록 이끌어줍니다. 대수롭지 않게 생각했던 일들도 고전을 읽다 보면 한 발 멈춰서 자신을 객관적으로 살펴볼 수 있습니다.

　아침에 《논어》 제6편 옹야(雍也)의 "능력이 부족한 자는 도

중에 가서 그만두게 되는 것인데, 지금 너는 미리 선을 긋고 물러나 있구나"라는 글을 나눌 때였습니다. 뜻을 음미하기도 전에 한 남학생이 말합니다. "어! 선생님, 이거 딱 저예요. 저." 읽자마자 내용이 눈에 들어왔나 봅니다. "딱 보고 안 될 것 같다 싶으면 전 애초에 안 하거든요."

책임감도 강하고 공부도 잘하는데 새로운 도전에는 망설임이 큰 아이입니다. 그런데 막상 하면 잘해요. 이야기를 듣던 초긍정 남학생이 말합니다. "일단 되든 안 되든 해봐야 아는 거지, 이 글은 해보지도 않고 미리 포기하지 말라는 얘기야."

교실에는 다양한 성격의 아이들이 있습니다. 모든 성격에는 장단점이 있지요. 자신의 성격 중 개선해야 할 점을 알려면 객관적인 시각이 필요합니다. "넌 왜 해보지도 않고 안 한다고 그러냐?"라는 주변의 이야기보다 스스로 알아채는 경험이 중요합니다. 고전이 그 역할을 합니다. '난 원래 그래'라고 대수롭지 않게 생각했던 성격이 고전의 글귀를 만나 생각할 거리가 됩니다. 아이는 고전을 통해 자신이 어려워 보이면 안 하려는 경향이 있다는 걸 객관적으로 알게 되지요. 알아채기는 변화의 시작입니다. 아울러 다른 생각을 가진 친구의 이야기를 들어보면서 자신의 모습을 더 잘 파악할 수 있게 됩니다. 고전은 객관적인 시각으로 자신을 돌아볼 수 있게 합니다.

동양 고전은 실용적이고 활용성이 높다

고전은 오래되었지만 현재에도 여전히 가치 있는 문학이나 예술 작품을 가리키기 때문에 범위가 넓고 갈래 또한 명확하지 않습니다. 장소의 기원에 따라 서양 고전과 동양 고전으로 나눌 수 있고, 장르에 따라서는 '그리스 로마 신화'나 '단군 신화'와 같은 고전 신화, 《삼국지》《초한지》 등의 역사서, 《이방인》《부활》《파우스트》 등의 세계 문학, 《소크라테스의 변론》《군주론》《논어》《맹자》 등의 고전 철학, 《춘향전》《양반전》《구운몽》 등의 한국 고전 소설 등 다양하게 나눌 수 있습니다. 이 책에서는 아이들의 생활과 가장 가깝고 부모와 아이가 접근하기 쉬운 동양 철학 고전을 중심으로 소개합니다. 동양 고전의 장점은 이렇습니다.

언제 어느 때에 읽어도 지장이 없다

학교에서는 나가야 할 진도도 있고 여러 행사가 있기 때문에 아이들과의 고전 교육 시간이 한정적입니다. 가정에서도 마찬가지겠지요. 부모가 봐주고 챙겨야 할 일이 얼마나 많습니까. 이야기가 방대하고 두꺼운 고전은 하루 이틀만 지나도 기억하기 힘듭니다. 그러다 보니 공감성과 연결성 부분에서 다소 매끄럽지 못합니다. 함께 꾸준히 읽기에는 스토리 라인이 없는 동양 고전이 수월합니다. 동양 고전은 명언집 같아서 언제 어느 쪽을 펼쳐도 이전 내용에 영향을 받지 않기 때문이지요.

편, 장으로 나뉘어 있어서 계획하기에 적합하다

동양 고전 목차를 보면 '편'과 '장'으로 나뉘어 있음을 알 수 있습니다. 그래서 계획 잡기가 수월합니다. 가령 '일주일에 한 편씩 6개월에 한 권 읽기'처럼 아이와 계획적으로 읽어나갈 수 있습니다. 6학년 아이들과 상의하여《명심보감》을 일주일에 한 편씩 1시간을 할애하여 읽기로 했습니다. 그랬더니 방학과 여러 학교 행사를 제외하고도 졸업 때까지 한 권을 끝까지 읽을 수 있었습니다. 본래 계획은 2회독이었는데 마지막에 졸업 준비를 하다 보니 1회독으로 끝이 났습니다. 이처럼 가정에서도 아이와 읽을 책을 정한 뒤 하루의 분량과 총 읽기 횟수를 함께 계획해보세요. 원전 책을 사도 좋고 이 책을 활용해도 좋습니다. 이 책은 주제가 마흔 꼭지이니 일주일에 두 꼭지 정도 읽는다 생각하면 5개월 동안 아이와 이야기를 나눌 수 있습니다.

내용이 집약적이고 짧고 간단하다

'고전'이라고 하면 진입 장벽이 높지요? 부모도 마찬가지입니다. 그런데 진입 장벽이 가장 높은 데가 어디인지 아십니까? 바로 책 표지입니다. 아이들이 책 표지만 보고 어떻게 읽냐고 걱정합니다. 하지만 막상 책을 펼치면 다릅니다. 조금만 적응하면 쉽습니다. 동양 고전은 짤막한 한두 줄에 철학이 담겨 있습니다. 진한 농도의 보약이라고 볼 수 있습니다. 그래서 동양 고전을 읽다가 현재의 어려움에 딱 맞아떨어지는 문장을 만나면 가슴이 뻥 뚫리면서 아픈 마음이 치유됩니다. 짧은 글로도 아이와 수준 높은 대화를 나눌 수 있습니다.

동양 문화권이라 쉽게 스며든다

우리나라는 조선 시대 때부터 유교 사회였습니다. 특히 유교 윤리의 기본인 삼강오륜은 오늘날까지도 현대적인 해석을 통해 우리나라의 사회 윤리에 중요한 역할을 하고 있습니다. 부모 자식, 친구, 부부, 연장자에 대한 예절은 인간관계에서 매우 중요한 가치를 지닙니다. 무한한 사랑도 중요하지만 아이들이 타인과 관계를 맺고 살아가기 위해서는 자기 수양과 더불어 공경과 배려도 배워야 합니다. 이를 동양 고전으로 배울 수 있습니다.

실천하기 쉽다

동양 고전은 문장이 짧아서 기억하기 쉽습니다. 기억이 쉬우면 실천하기도 쉽지요. 요즘 가정에서건 학교에서건 그림책 붐이 일고 있습니다. 왜 그럴까요? 그림책은 이야기책에 비해 짧고, 원하는 주제를 간단하게 끌어낼 수 있기 때문입니다. 동양 고전도 이와 비슷합니다. 긴 문장보다는 콕 집어 쓴 한 줄이 아이들 마음에 직관적으로 와닿습니다. 동양 고전은 생활과 동떨어진 이야기가 아니라 타인과의 관계, 배움의 목적, 생활 습관의 중요성 등 우리 가까이에 있는 이야기를 담고 있습니다. 동양 고전의 글귀는 아이들의 일상 경험과 어우러져 자연스레 실천으로 연결됩니다.

2장   고전 읽기 처방전

어떻게 하면
재미있게
읽을 수 있을까요?

고전을 즐겁게 읽는 법

칠판에 적는 편지로 아이들에게 고전을 소개하는 중에 시 예산이 들어왔습니다. 아이들에게 책을 사주고 싶었습니다. 무슨 책을 살지 고민하다가 동화책보다는 소장 가치가 있는 동양 고전으로 정했습니다. 동양 고전 중에서도 누구나 쉽게 읽을 수 있고, 생활과 가장 밀접한 《명심보감》으로요. 책으로 수업하지 않을 때는 칠판에 고전 한 글귀를 써놓고 아이들과 10~20분 남짓 대화를 나누었습니다. 처음 시작할 때는 '무슨 말인지 모르겠어요' '뭘 어떻게 써야 해요?'라는 질문도 많았고 글을 쓰라고 해도 대부분 단답형이었습니다. 하지만 한 달이 지나니 아이들이 적극적으로 변했습니다. 칠판에 써둔 글귀가 마음에 들면,

오늘은 하고 싶은 말이 많아서 빨리 시작했으면 좋겠다고 했지요. 동양 고전 수업이 탄력을 받기 시작한 시기는 두 달 남짓 지났을 때였습니다. 일이 바빠 칠판 글을 써두지 않으면 오늘은 왜 토의할 글이 없냐며 섭섭해하는 아이도 생겼습니다. 자기 이야기하기를 좋아하는 아이들은 늘 말할 준비가 되어 있습니다. 제가 학교에서 지도한 방법을 소개합니다. 간단하지만 고전 글귀에 따라서 무궁무진한 이야기가 풀려나오니, 가정에서는 더욱 풍성한 방법으로 활용할 수 있습니다. 어려울 거 같다고요? 어떤 동양 고전에도 적용할 수 있는 쉽고 개괄적인 지도 방법을 안내해드릴 테니 걱정하지 마세요.

1) 흥미와 관심 유발하기

이제 아이들과의 수업 사례를 바탕으로 본격적으로 살펴보도록 하겠습니다. 동양 고전을 처음 본 아이들의 반응이 어땠을까요? 3월 초, 교실에 박스 하나가 도착했습니다. "선생님, 이게 뭐예요?" 아이들이 와글와글 모여듭니다. 한 남학생이 책을 힐끗 보며 말합니다. "으째 불안불안허다!" 그 말을 듣고 얼마나 웃었는지 모릅니다. '선생님이 뭘 또 시작하려고 들도 보도 못한 책을 샀나' 싶은 아이의 생각이 훤히 보여서지요. 아이들이 어떻게 받아들일지 몰라서 긴장하며 책을 나눠 줬습니다. 아이들은 책 표지가 평소 보는 책과 달라서 신기해했습니다. 책이 '간지 난다'고 좋아하길래, 이때다 싶어 고학년의 부심을 은근히 자극했습니다. 집에 가서 부모님이나 형, 누나 중에 이 책을 읽은 사람이 있는지 알아보라는 숙제를 내면서요. 이 책은 수준이 꽤 높으니 부모님과 같이 읽어도 좋다고 했습니다. 형이랑 꼭 같이 보겠다고 하는 아이, 줄 긋기 아깝다며 책을 애지중지하는 아이의 모습을 보니 흐뭇합니다. '간지 나는' 책 표지와 자랑 욕구가 맞물려서 고전 수업을 설레는 마음으로 시작할 수 있었습니다. 첫 단추가 중요합니다. 아이에게 고전의 좋은 점을 많이 알려주고 애정 있게 시작해주세요.

2) 마음에 드는 문장 찾기

책을 활용할 때는 한 편을 다 읽고 마음에 드는 문장을 찾습니다. 한 편의 분량이 2~6쪽 정도라 다 읽는 데 10분도 채 걸리지 않습니다. 가장 마음에 드는 장을 골라 필사합니다. 저는 《초등 독서 노트의 힘》에서 소개한 바처럼 A4 용지에 매 차시 자료를 바인더에 모아 주었습니다. 다른 학습지나 더 좋은 자료가 있다면 그것을 활용해도 좋습니다.

3) 문장 필사하기

고전 한 편 중에서 마음에 드는 문장을 고릅니다. 아이들마다 경험이 다르기 때문에 고르는 문장도 다릅니다. 문장을 직접 선택하면 적극적으로 필사할 수 있습니다. 필사는 읽기만 하는 것보다 훨씬 효과가 뛰어납니다. 한 자 한 자 꾹꾹 눌러쓰다 보면 눈으로는 이해가 안 되던 문구도 마음으로 다가옵니다. 우리 반은 '보석 노트'라고 해서 칠판에 고전 글귀뿐만 아니라 동시도 종종 씁니다. 3월, 아이들과 처음 만나는 날 이안 시인의 〈모두들 처음엔〉이라는 시를 소개했습니다. 읽을 때는 '3월과 잘 어울린다' 정도로만 생각했는데 칠판에 옮겨 쓰다 보니 코끝이 시큰거립니다. 모든 게 시원찮고 서툴렀던 암탉이 힘센 어미 닭이 됐다는 문구에서요. 읽을 땐 아니었는데 직접 쓰니 제가 암탉이 됩니다. 고전도 마찬가지입니다. 고전을 필사하다 보면 그날의 글귀와 연관된 각종 생각이 더 잘 떠오릅니다. 필사는 고전의 글귀를 이해하는 데도, 자기 생각을 떠올리고 정리하는 데도 좋습니다.

4) 파란색 펜으로 생각 쓰기

정성스레 필사를 끝냈다면 파란색 펜으로 자기 생각을 써봅니다. 무작정 생각을 쓰라고 하면 아이들이 어려워합니다. 그래서 네 가지 쉬운 말로 풀어줍니다. 예시를 간단히 말씀드리겠습니다.

하나. 문장의 뜻을 자기 말로 쓰기

문장을 자기 말로 바꾸어봅니다. 동양 고전을 처음 읽은 아이들은 문체가 생소하여 무슨 말인지 잘 모르겠다고 합니다. 그런 아이에겐 동생에게 설명해줄 때처럼 쉬운 말로 바꾸어 쓰라고 합니다. 그러면 아이도 뜻을 명확하게 새기게 되고 부모도 아이가 문장을 어떻게 이해했는지 손쉽게 알 수 있습니다. 아래는 《명심보감》 제12편 성심(省心)을 읽고서 아이가 자기만의 해석으로 쓴 글입니다.

양고기국이 맛이 좋을지라도 여러 사람의 입에 모두 맞기는 어렵다.

> 같은 음식을 먹어도 맛에 대한 평가가 다르듯이 모든 사람을 만
> 족시키기는 어렵다는 뜻인 것 같다.

이처럼 고전의 문체를 자기 말로 바꾸다 보면 문장 이해력
도 높아지고 비슷한 사례를 생각하며 사고를 확장할 수도 있
습니다.

둘. 문장을 고른 이유 쓰기

여러 문장 중에서 한 문장을 골랐다면 이유가 있을 겁니다.
그 이유를 쓰라고 하는 것입니다. 아이들에게 물어보면 '그냥
마음에 들어서'라고 대답하는 경우가 많은데요. 그럴 때는 조
금 더 대화가 필요합니다. 문장 중 특히 어떤 부분이 마음에 들
었는지 물어보면 좋습니다. 예를 들어《명심보감》제10편 훈자
(訓子)를 읽고 쓴 한 학생의 글을 살펴보겠습니다.

> 일이 아무리 사소하더라도 실제로 행하지 않으면 이룰 수
> 없다.

자식이 아무리 똑똑해도 가르치지 않으면 지혜로워지지 않는다.

—《명심보감》제10편 훈자(訓子)

· 내 생각 : 작은 일이라도 열심히 해야 한다는 말이 맞는 것 같다.
· 고른 이유 : 나도 사소하다고 안 하는 것들이 많은데, 고칠 점이라 생각한다.

윗글을 보면 아이가 《명심보감》제10편 2장에 특별히 공감했기 때문에 골랐음을 알 수 있습니다. 여기서 "사소하다고 생각해서 하지 않은 것은 무엇이 있을까?"라고 한 번 더 질문하면, 아이의 문제를 더 깊이 들여다볼 수 있습니다.

셋. 비슷한 경험 쓰기

'비슷한 경험 쓰기'는 '문장을 고른 이유 쓰기'와 밀접한 관련이 있습니다. '문장을 고른 이유 쓰기'가 기초 단계라면 문장을 고른 이유를 자기의 비슷한 경험과 연결 지어 쓰는 것이 심화 단계입니다. 아이가 문장을 골랐다면 아이의 생활과 문장 사이에 접점이 있다는 뜻입니다. 따라서 이 부분을 잘 끌어내주면 좋은 대화를 나눌 수 있습니다.

배움은 아무리 해도 부족한 것처럼 하고,

오직 배운 것을 잃어버릴까 근심하라.

—《명심보감》 제8편 계성(戒性)

> 새로운 것을 배우는 건 즐겁다. 나는 요즘 바이올린, 피아노, 수
> 학, 영어, 코딩, 연산을 하고 있다. 꾸준히 쭉 공부하면 좋은 결과
> 가 나올 것이다.

이 아이는 매사에 긍정적인 아이입니다. 학습 의욕도 있고
요. 글을 보면 방과 후에도 많은 활동을 하고 있습니다. 힘들지
는 않을까 싶은데, 새로운 것을 배우는 기쁨에 흠뻑 빠져 있습
니다. 가끔 방과 후 활동하는 모습을 동영상으로 찍어서 저에
게 보여주기도 합니다. 이처럼 자기의 경험과 비슷한 문장을
만난 아이들은 쉽게 써나갑니다.

착한 일은 아무리 작아도 반드시 해야 하고

나쁜 일은 아무리 작아도 결코 해서는 안 된다.

—《명심보감》 제1편 계선(繼善)

이 장을 고른 이유는 이렇게 살고 싶어서이다. 지금까지 착한 일은 남에게 보이는 큰일만 하고(아주 가끔) 작은 일은 귀찮아서 안 한 것 같기도 하다. 그리고 작은 거짓말도 작은 나쁜 일이니까 가끔 했던 것 같다. 앞으로는 《명심보감》 글처럼 살려고 노력해야겠다. 나에게 작은 착한 일(집안일하기, 동생 공부 도와주기, 수저 놓기: 내가 가장 귀찮아하는 일).

지원이는 매우 꼼꼼하고 세심한 아이입니다. 생각도 깊지요. 아이는 《명심보감》 제1편 2장이 마음에 들었나 봅니다. 지원이의 글을 보면 문장을 고른 이유와 함께 자기 경험을 덧붙였습니다. 작고 사소한 일의 예까지 스스로 찾아내 다짐하는 글을 썼습니다. 이는 2번과 3번이 연합된 유형입니다. 아이가 문장을 고른 이유를 간단히 썼다면 대화나 질문을 통해 경험을 엮어 쓰는 것까지 지도할 수 있습니다. 조금 더 나아가 실천 후기도 기록하면 더 좋고요.

넷. 고전 문장으로 이야기 짓기

마지막 방법은 이야기를 지어보는 것입니다. 딱히 비슷한 경험은 생각나지 않지만, 가치관에 따라 '이거다!' 하며 마음에 확 들어오는 글귀를 만날 때가 있습니다. 말 그대로 그냥 좋은

거지요. 그럴 때는 이야기를 지어보라고 합니다. 짧은 고전 단
편집인《이솝 우화》나《탈무드》처럼 이야기를 만들어보는 겁
니다. 아래는《논어》제13편 자로(子路) 17장의 글을 보고 우
리 반 아이가 지은 이야기입니다.

> 빨리 성과를 내려 하지 말고 작은 이익을 추구하지 마라.
> 빨리 성과를 내려 하면 제대로 된 성과를 이룰 수 없고,
> 작은 이익을 생각하면 큰일을 완수하기 어렵다.
>
> ─《논어》제13편 자로(子路)

옛날 옛적에 '이기적'이라는 아이와 '참잘해'라는 아이가 살았어
요. 그런데 갈수록 '참잘해'가 인기가 많아졌어요. '이기적'은 이를
시기했어요. '이기적'은 자기가 가장 인기가 많아지고 싶었거든
요. '참잘해'의 인기를 떨어뜨리고 자신의 인기도를 높일 방법을
궁리했어요. '이기적'은 작은 이익을 위해 '참잘해'에 대한 나쁜 소
문을 퍼뜨렸어요. 이 사건으로 '참잘해'는 왕따가 되었고, '이기적'
은 인기가 높아졌어요.
몇 달 뒤 국내 최고의 그림 대회가 열렸어요. '이기적'과 '참잘해'는
화가가 꿈이라서 지원했어요. 이 대회에서 우승하면 엄청난 상
금에, 장학금에 예중, 예고까지 갈 수 있었거든요. 원래 '이기적'과

'참잘해'는 서로 도우며 그림 연습을 했었는데 사이가 나빠서 그러지 못했어요. 대회 우승자는 결국 '참잘해'였죠. '이기적'은 작은 이익에 눈멀어 소중한 친구, 라이벌, 입상 기회까지 잃은 거예요.

이야기를 지으라고 하면 처음엔 아이들이 엄두를 못 낼 수도 있습니다. 고전 글귀가 무슨 뜻인지도 모르겠는데, 이야기까지 지으라니요. 하지만 글귀를 완벽하게 이해하고 나면 아이들은 글귀와 어울리는 재미있는 이야기를 잘 지어냅니다. 고전 문장으로 이야기 짓기는 문해력과 상상력 향상에 도움을 줍니다.

5) 대화 나누기

한 가지 팁을 드리면 글을 쓰기 전후로 대화를 나누면 좋습니다. 쓸 말이 없다는 아이들도 다른 친구의 이야기를 듣다 보면 자기 경험이 생각나서 손쉽게 글을 쓰기도 합니다. 처음에는 한두 줄만 쓴 아이들도 교사의 질문으로 길게 다시 쓰기도 합니다. 경험의 폭이 넓은 부모와의 대화는 아이의 생각을 깊게 하는 마중물이 됩니다.

아이와 고전 읽기를 준비하다 보면 어떤 질문을 해야 할지 고민이 될 때가 많습니다. 어떤 날은 퍼뜩 떠오르지만 그렇지 않은 날이 더 많지요. 질문이 떠오른 날은 칠판에 소 질문을 써 두고, 질문이 없는 날은 글귀만 씁니다. 질문을 생각하지 못한 날은 '이 글귀를 어떻게 생각해?'라고 그냥 묻습니다. 구체적인 질문이 답변을 끌어내기에 좋지만 가끔은 추상적인 질문도 던집니다. 아이가 질문에 어느 정도 답을 하면 그 답을 힌트 삼아 꼬리 물기 질문을 합니다. 또는 한 문장을 짚어서 물음표를 붙입니다. '너희도 성과를 내고 싶었는데 그러지 못해 속상한 적 있었니?'라고요. 그러면 아이들이 이야기를 시작합니다.

고전을 읽고 대화를 나누는 걸 너무 어렵게 생각하지 마세요. 어떤 날은 주제와 전혀 상관없는 이야기로 흘러가기도 하고, 어떤 날은 아이들의 불평불만과 푸념을 듣다가 끝나기도 하고, 어떤 날은 의견이 다른 아이들이 서로 소리를 높이는 일도 있어요. '오늘의 고전 읽기는 망했구나' 싶은 생각에 마무리를 어떻게 해야 할지 몰라 진땀을 뺀 적도 많습니다. 고전 읽기는 정확한 답을 내야 하는 교과목이 아닙니다. 같은 글귀도 다르게 이해할 수도 있어요. 생각이 다른 부분은 오히려 격려하고 칭찬해주면 됩니다. 일부러 엉터리로 대답하는 것이 아니라면, 성급하게 교훈적으로 마무리하기보다는 조금 엉뚱하고 이야기가 산으로 가더라도 아이의 창의적이고 다양한 생각을 수

용하고 지지해주세요.

글귀만 소개하는 날은 10분, 책을 함께 읽고 마음에 드는 문장을 고르는 날은 30분 정도 걸립니다. 대화는 문장을 고르면서 할 때도 있고, 노트에 기록한 뒤에 할 때도 있습니다. 학교에서는 아이들이 많아서 한 명씩 발표를 듣다 보면 많은 시간이 소요되어 더 얘기하고 싶은 바가 있어도 시간에 쫓겨 생략하기도 합니다. 가정에서라면 더 깊이 있게 이야기를 나눌 수 있으리라 기대합니다.

6) 친구와 함께 읽기

친구와 함께 읽기는 제가 강력하게 추천하는 방법입니다. 평소 우리 아이와 성격도 잘 맞으면서 책을 좋아하는 친구가 있나요? 또는 책을 좋아하는 엄마를 떠올려보세요. 적합한 사람이 떠올랐다면 고전 읽기 모임을 만드는 걸 권합니다. 친구와 함께 고전을 읽으면 친구들의 다양한 생각을 들을 수 있습니다. 서로의 생각을 나누면서 말하기 연습도 됩니다. 만나기 어려우면 시간을 정해 온라인으로 얘기를 나누어도 좋습니다. 고학년 정도면 줌으로 소모임 회의 구성도 잘합니다. 화면 공유까지 해가면서요. 교실에서도 분위기 형성만 잘해주면 아이들은 곧잘 고전 이야기에 빠집니다. 아이는 또래 친구의 생각에 관심이 많거든요. 그리고 함께하면 공적인 약속이 되므로 꾸준히 고전 읽기를 지속할 수 있습니다.

3장 부모와 학생을 위한
밀착 처방 열 가지

한자 교육과 병행해야 할까요?

이 질문에 대한 답은 부모가 초점을 어디에 맞추느냐에 따라 다릅니다. 한자 교육을 하면서 고전의 효과를 보고 싶다면 한자도 공부하면서 고전을 읽으면 좋고, 한자 교육보다는 고전의 내용을 중심으로 대화나 질문, 사색의 시간을 갖고 싶다면 한글로 번역된 고전을 활용하면 됩니다. 현재 제가 아이들과 하는 수업은 두 번째 방법입니다.

아울러 '한자 위주의 고전 교육이 효과가 있느냐?'라는 질문에는 단연코 '효과가 있다'라고 말씀드립니다. 초등학교 5학년 때 어머니가 문화센터에서 한자 수업을 듣고, 저에게도 가르쳐 주셨습니다. 부생아신 모국오신(父生我辛 母鞠吾身). 《사자소학》의 한자를 쓰고 직독 직해하는 방식이었습니다. '부생아신? 낳는 건 어머니인데 왜 아버지가 낳는다고 표현했을까?' 그때의 저도 우리 반 아이들과 똑같은 궁금증을 가졌던 기억이 납니다. 그때는 단순히 한자 공부라고 생각했는데 지금까지도 기억나는 걸 보니 고전 읽기에 좋은 영향을 받았다는 것을 알 수 있습니다.

중학교 때는 《명심보감》 읽기 동아리에 들었습니다. 지금 생각해보면 분명 다른 재미있는 특별 활동도 많았을 텐데 군이 《명심보감》 동아리에 들어간 걸 보면 고전을 좋아하긴 했나 봅니다. 동아리에서도 《명심보감》 원문 한자를 직독 직해하는 수업을 했습니다. 대화 나누는 것 없이, 한자를 읽고 뜻을 해석하는 게 전부였습니다. 고전의 글귀가 명문이어서 따로 질문이나 대화를 나누지 않아도 많은 도움을 받았던 기억이 납니다. 정리해보면 부모와 아이가 한자를 좋아한다면 한자 교육과 병행해도 좋고, 한자보다는 내용에 집중하고 싶으면 이 책에서 소개하는 방법처럼 하면 되겠습니다.

🕊 핵심 정리

고전 공부법은 부모와 아이의 취향과 목적에 따라 선택한다.

아이가 내용 해석을 잘못했어요

저도 가끔 책을 이상하게 해석합니다. 고전을 읽으며 해석한 바를 밑에 써두는데, 다시 읽을 때 '이걸 왜 이렇게 생각했지?' 라고 생각하는 경우가 종종 있습니다. 하지만 처음 읽으며 뭔가를 생각했다면 그 자체로 의미가 있다고 봅니다. 고전은 원래 해석하는 사람마다 다릅니다. 《논어》만 해도 관련된 책이 3000권이 넘습니다. 그만큼 해석이 다양합니다. 다만 도덕적으로 흠결이 있는 해석일 때가 고민입니다.

아래는 우리 반 아이들이 《논어》 제1편 학이(學而)의 "남이 자기를 알아주지 않는다고 걱정하지 말고 내가 남을 제대로 알지 못함을 걱정해야 한다"를 읽고 자기 생각을 쓴 글입니다. 한 아이가 이렇게 썼습니다.

> 나보다 남을 신경 써라.

이 해석은 아무래도 좀 아니죠? 아이를 어떻게 지도하면 좋을지 고민입니다. 그럼 다른 아이들은 어떻게 썼는지 살펴볼까요.

> 나를 누군가에게 내보이고 인정받으려고 하지 말고
> 우선 상대를 알아주어야 한다.

이 아이는 해석본이라고 해도 믿을 만큼 잘 해석했습니다. 그러면 또 다른 아이의 것을 보겠습니다.

> 남이 나를 알아주지 않을 때
> 자신을 더 빛나게 할 기회다.

이 아이는 해석의 단계를 넘어섭니다. 글 속에서 반전의 기회를 도모합니다. 누군가에게 인정받으려고 애쓸 것이 아니라 오히려 아무도 알아주지 않을 때가 자신을 빛나게 할 기회라고 말합니다. 전혀 생각지 못한 해석입니다.

이처럼 아이들이 쓴 짧은 한두 줄의 글에서도 그 아이만의 철학이 담겨 있음을 알 수 있습니다.

그럼 지도는 어떻게 하면 좋을까요? 앞서 소개해드렸던 고전 지도의 네 번째 방법을 씁니다. 친구의 발표를 듣게 하거나 글을 보여주는 것입니다. 굳이 '이 해석은 좀 아닌 것 같은데'라고 말할 필요가 없습니다. 아이 스스로 '다른 친구들은 이렇게 생각하는구나!' 하고 자연스럽게 알고 넘어가게 됩니다. 학교에서는 친구들과 의견을 나누면 되고 가정이라면 가족 한 명씩의 의견을 들어보면 좋겠지요.

🎎 핵심 정리

1. 아이에게 의미가 있다면 다른 방향의 해석도 좋다.
2. 도덕적으로 흠결이 있는 해석일 경우 다른 사람의 생각을 들어보거나 고쳐준다.

언제부터 시작해야 할까요?

✳

부모님들이 가장 많이 하는 질문입니다. 고전 읽기를 시작하기에 좋은 시기는 '언제 어느 때나'라고 말씀드리곤 합니다. 같은 책이라도 아이의 연령에 따라 접근 방식을 달리하면 됩니다. 저학년에게 좋은 고전과 고학년에게 좋은 고전이 따로 있진 않습니다. 똑같은 고전을 어떻게 다루느냐에 따라 다릅니다. 유치원생 대상으로도 《이솝 우화》나 《탈무드》 이야기책 전집이 많이 나옵니다. 한 챕터씩만 읽고 대화를 나누는 것만으로도 좋은 고전 교육입니다. 저는 딸과도 짧은 고전 이야기를 들려주고 이야기를 나누었습니다. 고전은 명확한 주제가 특징인데, 아이는 착한 사람을 두둔하고 나쁜 사람을 비판하기를 좋아합니다. 남매에게 읽어주면 서로 자기가 착한 사람 하겠다고 합니다. 그러면서 주제를 받아들입니다. '너라면 어떻게 할 것 같아?' 하고 다음 장을 읽기 전에 질문도 하면서요. 취학 전과 초등 1~2학년 때는 이야기 고전을 자연스럽게 접해주고 대화 위주로 진행합니다. 한글을 배우는 1학년 이후에는 시중에 나와 있는 초등학생용 고전 필사 책을 하루 한 장씩 같이 써보아도 좋습니다. 구성이 어렵지 않고, 특히 《사자소학》과 《명심보감》은 아이들이 직관적으로 해석하기에 쉽고 도덕적으로 당위성 있는 글이 많아서 인성 지도에도 좋습니다. 글씨 쓰기도 연습할 겸 맛보기로 고전을 접해보는 겁니다. 본격적으로 원문을 통해 고전을 읽는 것은 초등학교 3학년 이후부터 추천해드립니다. 아이가 고전의 문체를 어렵지 않게 읽고 이해한다면 고학년부터는 간단한 생각 쓰기 지도를 시작합니다. 이는 어디까지나 평균적인 안내이니 아이의 수준과 성향을 살피면서 진행하면 됩니다. 고학년 아이들도 생각 쓰기 없이 읽고 대화하기나 필사만으로 진행해도 좋습니다.

🏵 핵심 정리

1. 시작 시기는 자유롭게 하며, 연령에 따라 접근 방식을 달리한다.
2. 저학년은 이야기 고전, 중학년은 동양 고전 완역본, 고학년은 고전 읽고 생각 쓰기로 지도하되 아이의 수준에 따라 조절한다.

무슨 말을 어떻게 나눠야 할지 막막해요

✳

고전을 읽으니 부모 입장에서는 참 좋은데 아이가 어떻게 받아들일지 고민입니다. 아이가 듣기에 괜찮은 질문을 해야 할 것 같은데 어떻게 해야 할지 막막하기도 하고요. 그런데 말이죠. 고전 읽기는 뭔가 있어 보이는 철학적인 대화를 나누어야 하는 것도 아니고, 부모가 도덕적인 당위성을 설파할 필요도 없습니다.

고전 읽기의 초점을 경청에 맞추어보세요. 한결 편하게 시작할 수 있습니다. 아이들과 고전으로 대화를 나누다 보면 항상 시간이 모자랍니다. 아이마다 고전 글귀와 어울리는 각기 다른 이야기를 갖고 있고, 그 이야기를 나누고 싶어 하기 때문입니다. 사람은 누구나 자기 이야기를 즐기니까요. 다만 그럴 기회가 없을 뿐이죠. 아이가 클수록 일정도 많아지고, 부모도 이런저런 일 때문에 아이와의 일상 이야기는 뒷전이 될 때가 많습니다. 마음은 그렇지 않은데 상황이 그렇지요.

고전 읽기를 통해 아이와의 대화 시간을 가져봅시다. 고전은 소재일 뿐 아이가 학교에서 있었던 일, 친구의 행동을 통해 배웠던 일, 관계 속에서 속상했던 일을 듣고 같이 나누는 겁니다. 고전을 읽다가 아이의 마음 그물에 걸린 단어 하나, 문장 하나를 가지고 아이의 생각은 어떤지, 비슷한 경험은 없는지 물어봐주세요. 아이도 부모와의 대화를 기다렸을 거예요.

급하게 고전의 지혜를 들려주기보다는 대화의 소재를 고전에서 찾는다는 생각으로 아이와 편안하고 즐거운 시간을 가져봅시다. 자연스럽게 고전의 지혜가 아이의 마음속에 흘러가게 될 겁니다.

핵심 정리

1. 대화의 소재를 고전에서 찾는다 생각하고 고전 읽기의 초점을 경청에 맞춘다.
2. 아이가 마음에 들어 하는 고전 글귀로 대화의 물꼬를 튼다.

필사만으로 효과가 있을까요?

필사는 아주 효과가 좋습니다. 생각 쓰기가 힘들다면 필사로만 진행해도 됩니다. 다만 아이들이 필사할 때 머리로는 딴생각을 하면서 손으로만 쓰는 경우가 왕왕 있습니다. 부모와 함께 글의 내용을 충분히 음미한 후에 필사하는 게 중요합니다.

　필사는 정독하게 합니다. 눈으로 읽는 속도에 비해 손으로 꾹꾹 눌러쓰며 읽으면 속도가 느릴 수밖에 없습니다. 쓰다 보면 천천히 읽게 되고, 천천히 읽다 보면 자세히 읽게 됩니다. 무려 열 권이나 되는 대하소설《태백산맥》을 쓴 조정래 작가도 책을 백 번 읽는 것보다 한 번 베껴 쓰는 것이 더 효과가 좋다고 했습니다. 그만큼 필사는 책을 되새김질하며 정독하는 힘을 길러줍니다.

동양 고전은 대구법, 반어법 등이 자주 쓰이며 모르는 단어도 많이 나옵니다. 필사하면서 고전의 숨은 뜻을 생각해보고, 어구의 반복을 느끼며 읽다 보면 생각이 저절로 자라지요. 고전의 글귀 전부를 다 필사할 필요는 없습니다. 읽다가 마음에 드는 문장만 필사하면 됩니다. 처음에는 필사만 했더라도 자주 하다 보면 어느 순간 자기 생각을 아래 여백에 적고 싶은 충동이 생깁니다. 생각은 그때 기록하면 됩니다.

🌸 핵심 정리
  1. 필사는 책을 되새김질하며 정독하는 힘을 길러준다.
  2. 필사하다 보면 자기 생각도 자연스럽게 쓸 수 있다.

이런 걸 왜 해야 돼요?

이 질문을 하는 아이들의 표정이 상상되지 않나요? 아이들은 꼭 이 질문을 합니다. 사실 중요한 질문입니다. 우리가 고전을 공부하는 이유도 바로 이 질문을 하기 위해서입니다. 고전을 읽기 전에 고전이 왜 좋은지 알려주어야 합니다. 질문을 한 아이에게 칭찬을 많이 해주세요.

막상 아이에게 질문을 받으면 잘 알고 있다가도 무슨 말부터 해야 할지 모를 때가 있습니다. 그때 제가 자주 쓰는 방법이 있습니다. 바로 '너는 어떻게 생각하니?'입니다. "선생님이 왜 고전 공부를 하라고 할까?"라고 되물으면 됩니다. 유대인들도 많이 사용하는 방법입니다. 자기 안에서 답을 찾도록 하는 것이지요. 약간의 시간도 벌고요.

아이들은 생각보다 대답을 잘합니다. 퀴즈 맞히기처럼 스스로 생각해보는 기회가 됩니다. 아이의 이야기를 들었다면 이제 부모님의 생각도 얘기해주어야겠지요?

우리가 고전을 공부하는 가장 큰 이유는 선현들이 남긴 삶의 자취를 통해 지혜를 얻을 수 있기 때문입니다. 지혜와 지식은 조금 다릅니다. 앞에서 말씀드렸던 것처럼 나를 먼저 세워야 지식의 습득에도 효과가 있습니다. 맹목적으로 시키니까 하는 것이 아니라 내가 정말 원하는 것이 무엇인지 생각해보고, 무엇이 옳은 행동인지 생각해보는 성찰의 힘을 기를 수 있습니다.

🔱 핵심 정리

   1. 아이가 고전을 왜 읽어야 하는지 질문하면 우선 좋은 질문이라고 칭찬한다. 그런 다음 "너는 어떻게 생각하니?" "왜 고전을 공부하면 좋을까?" 하고 되묻는다.

   2. 고전을 공부하는 이유는 선현들이 남긴 삶의 자취를 통해 지혜를 얻을 수 있기 때문이다. → 올바른 선택에 도움을 준다.

무슨 말인지 모르겠어요

처음 고전을 접한 아이들은 이렇게 이야기합니다. "무슨 말인지 하나도 모르겠어요." 아이들이 옛 문체에 익숙하지 않은 게 원인입니다. 일단 소리 내어 여러 번 끊어서 읽어줍니다. 그리고 다시 물어봅니다. 그러면 "아!" 하고 아는 아이들이 생깁니다. 아이의 독서 노트를 보면 마음에 드는 문장을 쓰긴 썼는데 무슨 말인지 모르겠다고 하는 아이들이 있습니다. 사례를 보겠습니다.

악한 일을 하여 하늘에 죄를 지으면 빌 곳이 없다.

―《명심보감》제2편 천명(天命)

솔직히 이 글이 무슨 뜻을 나타내는지 이해를 못 하겠다. (진짜 뭐지?) 이 글을 읽고 다짐은 '나쁜 짓 하지 말자' 이런 생각이 들었다.

(진짜 뭐지?)라고 괄호로 쓴 부분은 한 번 더 생각해보았는데도 도저히 잘 모르겠다는 생각을 강조하고 있습니다. 명확하게 설명하진 못했지만 《명심보감》 제2편 천명(天命)에서 말하는 요점은 잘 파악하였습니다. '나쁜 짓 하지 말자'라고 스스로 결론짓고 있으니까요.

> 한 사람이 찾아와서 앞날의 일을 묻기를
> 무엇이 복(福)이고 무엇이 화(禍)인가 하네
> 내가 남을 해롭게 하는 것이 화가 되고
> 남이 나를 해롭게 하는 것이 복이라네.
>
> ─《명심보감》제12편 성심(省心)

3번째 줄까지는 너무 공감했는데 마지막 줄은 무슨 말인지 도통 이해할 수가 없었다.

마지막 문장은 저도 많이 활용합니다. 생각할 거리가 있거든요. 우리 반 아이도 마지막 문장에서 물음표가 생겼습니다.

'남이 나를 해롭게 하는 것은 안 좋은 일인데 왜 복이라고 할까?'

3번째 줄까지 공감이 되었다는 말은 아이가 한 줄 한 줄 꼼꼼히 문장을 뜯어보았다는 뜻입니다. 이해할 수 없다는 아이의 글에 댓글을 달았습니다. '남이 나를 해롭게 하더라도 그것을 발판 삼아 성숙하고 성장할 수 있다면 복이 된다는 뜻이야. 실천하기 쉽지 않아 보이지만 의미 있어 보이는데, 네 생각은 어떠니?'

위 사례처럼 모르는 것을 모른다고 쓰는 것은 절대 나쁜 게 아닙니다. 아무리 생각해도 모르겠다는 것은 그만큼 많이 생각해봤다는 뜻이니까요. 올 초에 프리드리히 니체의 소설 《차라투스트라는 이렇게 말했다》를 읽었습니다. 두 페이지를 읽었는데, 무슨 말인지 하나도 이해가 안 되었습니다. 읽는 동안 이해해보려고 무진장 애쓰고 집중했습니다. 결국 이해는 못 했지만 그렇다고 아무것도 안 한 것은 아닙니다. 아픈 머리가 그 증거죠. 고민했다는 것이 중요합니다. 그래서 '모르겠다'라는 아이의 말도 소중합니다.

그래도 계속 모르겠다고 말하면 도와주어야지요. 학교에서는 다른 친구의 해석을 같이 살펴봅니다. 친구의 말로 바꿔 들으면 쉽게 이해할 수 있습니다. 집에서는 부모의 해석 방향을 들려주면 좋습니다. "엄마는 이런 뜻 같은데 네 생각은 어때?" 하고 물어봅니다. 그래도 잘 모르겠다고 말하면 그냥 넘어갑니다. 이해 못 하는 문장을 꼭 이해하고 넘어가야 하는 건 아닙니다. 고전에는 아이가 이해할 수 있는 쉬운 문장도 많습니다. 아이가 이해하지 못한다면 굳이 이해시키려 애쓰지 말고 다른 문장으로 넘어가면 됩니다.

🌀 핵심 정리

1. 소리를 내어 여러 번 끊어서 읽어준다.
2. 다른 친구들은 어떻게 이해했는지 물어본다.
3. 아이가 잘 이해하지 못할 때는 쉬운 문장으로 넘어간다.

하기 싫어요

✳

학교에서는 아이들이 '하기 싫다'보다 '귀찮다'라는 말을 더 많이 합니다. 적어도 학교에서는 수업 시간의 일부이고 친구들이 다 하는 것이기에 곧잘 따라 하다가도 집에서는 하기 싫을 수 있습니다. 그저 귀찮고, 꼭 해야 한다면 대충 넘기고 싶은 것이 아이들 마음입니다. 하지만 대충 쓴 글이라도 아이의 마음속에선 작은 씨앗이 됩니다. 조금씩이라도 계속한다면요. 아이의 컨디션에 따라서 힘든 날이 있습니다. 이런 날은 필사 정도로 간단히 마무리하는 걸 추천합니다. 생각 쓰기가 힘든 날이 있으니까요. 비슷한 경험이나 왜 그 글귀가 좋았는지에 대한 생각을 쓰려면 아무래도 품이 듭니다. 쉬고 싶은 날이 있다면 건

너뛰지는 않으면서 가볍게 넘어가는 방법도 좋습니다. 고전을 읽고 간단히 대화만 나누어도 됩니다. 아이들이 쓰기는 싫어해도 대화 나누기는 무척 좋아합니다. 제 경험으로 장담합니다. 고전 읽기를 매일 했다면 일주일에 2~3회 정도로 횟수를 조절하는 방식도 있습니다. 다만 하기 싫다고 한동안 안 하게 되면 더 하기 싫을 수 있으니(부모님도 마찬가지입니다) 고전의 끈을 놓지 않는 것이 중요합니다.

♨ 핵심 정리

1. 아이 컨디션에 따라서 하기 싫은 날은 필사만 하거나 생각 쓰기 대신 대화로 마무리한다.
2. 고전 읽기의 횟수를 조절하되 쉬는 기간이 너무 길어지지 않도록 한다.

쓸 말이 없어요

아이들이 "쓸 말이 없어요" 하고 종종 말합니다. 특히 자기와 접점이 없는 문장을 만났을 때 자주 말하죠. 자신이 경험했거나 잘 알고 있는 주제를 만나면 결코 쓸 말이 없다고 하지 않습니다.

문장을 먼저 제시하고 아이의 생각을 듣기보다는 《명심보감》한 편의 여러 문장을 읽어보게 하고 마음에 드는 문장을 쓰게 해야 합니다. 그러면 직접 고른 문장이기 때문에 이유가 있을 것이고, 이유를 생각하다 보면 쓸 말이 생각납니다. 아울러 더욱 깊이 있게 글을 쓰고 싶다면 글귀와 관련된 다양한 쓸거리를 모아봅니다.

작가도 글을 쓸 때 주제와 관련된 여러 가지 재료를 모읍니다. 마찬가지로 아이도 마음에 드는 글귀를 골랐다면 글귀와 관련된 뉴스 기사나 책, 영화 등을 찾아봅니다. 인터뷰 형식으로 부모의 경험담이나 친구의 이야기를 듣고 정리하여 글귀와 연관 지어도 좋습니다. 글을 쓸 때 다양한 사례와 자료를 엮어 쓰면 자기 생각만 쓸 때보다 쓸거리가 풍성해지고 보는 이도 글을 통해 확장된 시각을 가질 수 있습니다.

🕮 핵심 정리

1. 문장을 직접 고르게 한다.

2. 대화를 충분히 한다.

3. 다양한 자료를 찾아 고전 글귀와 엮어 쓴다.

지금 시대와 맞지 않아요

동양 고전에는 남녀 차별적인 내용이 많습니다. 《명심보감》의
제20편 부행(婦行)을 읽었을 때 여학생들의 반발이 아주 심했
습니다. 사례를 보여드리겠습니다.

> 진짜 마음에 안 든다. 물론 맞는 말도 있지만 그 일을 여성에게만
> 갖다 붙이는 것이 별로였다. 특히 5장에서 여성은 목소리가 반드
> 시 가늘어야 한다니 촌스럽다. 어쩜 이런 생각을 할 수 있지? 나는
> 목소리가 허스키한 사람이 멋지다고 생각하고 또 목소리가 가는
> 사람은 '그냥 그렇구나' 생각했는데, 옛날 사람들이 한 가지 생각
> 에만 갇혀서 산 게 불쌍하기도 했다. 《명심보감》 제20편 별로다.

남자아이가 자라면 풍악과 술을 익히게 하지 말고

여자아이가 자라면 여기저기 놀러 다니지 못하게 하라.

남녀 차별이 심한 것 같다. 왜 여자아이가 자라면 놀러 다니지 못하게 할까. 여기저기 다녀보면 좋은 경험이 많이 쌓일 텐데. 이해할 수 없다. 이번《명심보감》아저씨는요. 상당히 꼰대 같으시네요. 마음에 안 들어요!!!

저도《명심보감》제20편을 읽으며 반감이 심했습니다. 고전이라고 해서 무조건 있는 그대로 받아들여야 하는 것은 아닙니다. 고전에서 말하는 바가 내 생각과 다르다면 다른 대로 의견을 펼치면 됩니다. 남아 선호 사상이 뿌리 깊었으니 어쩔 수 없었겠지요. 이럴 때는 당시 시대상에 대해 알아가는 측면으로 학생들과 생각을 나눕니다.

㎖ 핵심 정리
1. 비판은 자유롭게!
2. 당시의 시대상에 대해 알아간다는 측면으로 이해한다.

2부

동양 고전으로
단단한 마음 키우기

1장 자존감이 높은 아이

다른 사람이 부러워요

아둔한 사람은 크게 화내니 세상 이치 깨닫지 못해서라네.

마음에 화의 불길 키우지 마오.

귓가를 스쳐가는 바람결처럼 집집마다 장점 단점 모두 있

고요. 이곳저곳 덥고 찬 데 모두 같다네.

옳고 그름 본래부터 실제가 없어 결국 모두가 부질없다네.

—《명심보감》 제8편 계성(戒性)

계성(戒性)은 성품을 경계한다는 뜻으로 순간적으로 마음속에 일어나는 화, 분노, 시기, 질투와 같은 감정들을 잘 다스린다는 뜻입니다. 아이가 다니는 학교에는 다양한 재능을 가진 친구들이 있습니다. 만들기를 잘하는 친구가 있고, 수학을 잘하는 친구도 있고, 가정 환경에 따라 용돈을 많이 받는 친구도 있고, 노래와 춤에 뛰어난 아이도 있습니다. 아이의 눈에 친구의 장점이 돋보이고 부러울 수 있습니다. 아이는 한 명이지만 비교하는 친구는 여럿이니까요. 한없이 부럽기만 한 친구를 보면 괜히 화도 납니다. 그런데 이런 생각이 드는 것은 당연합니다. 이번 글귀를 통해 아이들과 부러운 감정을 다스리는 방법에 대해 나누어봅시다.

다른 사람이 부러울 때 어떻게 하면 좋을까요? 먼저 부러운 감정이 든다는 사실을 감지해야 합니다. 대개 부러운 마음은, 인지하기 전에 기분부터 나빠져요. 부러움은 비교에서 오고, 비교는 결국 자기 비하로 쉽게 빠지기 때문입니다. 친구가 부럽다면, 친구의 부러운 점이 진짜로 자기가 원하는 것인지 생각해보아야 합니다. 많은 사람이 타인의 반짝이는 순간을 부러워합니다. 그런데 그것이 쉽게 이루어진 걸까요? 친구가 수학을 잘한다면, 상을 탔다면, 칭찬을 받았다면 그 결실을 얻기 위해 큰 노력을 기울였을 거예요. 그런 노력을 자신도 할 수 있는지 생각해봅니다. 그런데 이런 경우도 있죠. 얼굴이 예쁘거나 부유한 가정환경처럼 노력 여하와는 상관없이 친구는 타고났는데 자신은 그렇지 못할 때요. 그럴 때는 어떻게 해야 할까요? 고전에 답이 있습니다. 글귀를 찬찬히 읽고 아이의 해답을 들어봅니다. 아이가 어려워하면 두 갈래로 질문을 나누어주세요. 친구의 부러운 점을 따라 할 수 있는 경우와 없는 경우로요. 범위를 좁혀 질문하면 조금 더 명확한 대답을 들을 수 있습니다.

완벽해 보이는 친구도 알고 보면 나름의 고민이 있습니다. 완벽한 친구가 부러워하는 또 다른 완벽한 친구가 있기 마련이니까요. 겉으로 보이는 화려함과 내면의 자존감은 다른 문제입니다. 스스로를 다른 사람과 비교하여 자괴감 또는 우월감에 빠지기 보다는 스스로를 예뻐하고, 자신의 성장을 가꾸어가는 태도가 중요합니다.

우리 아이에게도 친구들이 부러워하는 장점이 분명 있을 거예요. 아이에게 좋은 점, 닮고 싶은 점이 있다면 자주 말해주세요. 아이의 자존감이 높아집니다.

1. 누군가가 부러운 적이 있었나요? 어떤 부분이 있었나요?
2. 다른 사람이 부러울 때 어떻게 행동하면 좋을까요?
3. 다른 친구가 부러워하는 나의 모습을 살펴보고 나의 강점을 알아봅시다.

【 친구들은 이렇게 생각했어요 】

큰 소리로 '오늘의 글귀'를 읽어봅니다. '집집마다 장점 단점 모두 있고요. 이곳저곳 덥고 찬 데 모두 같다네'의 뜻이 무엇인지 생각해봤습니다. 부러운 친구들이 있지만 그 친구 또한 완벽하지는 않습니다. 누구나 덥고 찬 곳, 장점 단점이 골고루 있어요. 운동을 싫어하는 남자아이는 체육 시간 분위기를 휘어잡는 남학생을 부러워합니다. 대신 이 아이는 말과 글솜씨가 뛰어나요. 유머러스한 표현으로 반 전체를 웃음바다로 만듭니다. 자기 모습을 찬찬히 들여다보면 누구나 자기만의 장점이 있습니다.

이제 다른 친구가 부러울 때의 기분을 발표해봅니다. '질투가 나요' '기분이 나빠요' '내가 작아지는 기분이에요'라는 대답 와중에 어떻게 하면 그렇게 될 수 있을지 생각해본다는 아이가 있습니다. 아주 좋은 생각입니다. 친구는 서로 닮는다고 하지요. 보고 배울 점이 많은 친구가 곁에 있으면 자신도 좋은 사람이 될 기회가 생기는 겁니다. 친구의 부러운 점을 닮으려고 노력하다 보면 그 장점을 내 것으로 만들 수 있어요.

그런데 친구의 부러운 점이 가질 수 없는 부분일 수도 있습니다. 그렇다고 해서 친구를 미워하고 질투한다면 이번 글귀처럼 마음속 화의 불길을 돋우는 행동이 됩니다. 마음속에 화의 불길을 가지고 있으면 자기 마음만 아파요. 그럴 땐 어떻게 해야 할까요? 예를 들어 어떤 친구는 핸드폰이 있고, 어떤 친구는 고학년이라도 없습니다. 없는 친구는 있는 친구가 부럽습니다. 각 가정의 상황에 따라, 가치관에 따라 다른 일이기 때문에 안 되는 것을 맹목적으로 바라고 애를 태우면 불평불만이 쌓일 뿐입니다. 반 아이가 안 되는 걸 뻔히 알면서 속만 태우는 상황을 두고 오늘 글귀를 활용하여 '아이고 부질없다'라고 말합니다. 맞습니다. 여건이 안 되는 것은 받아들이고 기꺼이 인정하는 자세도 필요합니다. 귓가를 스쳐가는 바람결처럼 '저 친구는 저 친구고, 나는 나'라고 생각하기로 합시다. 아이들이 제시한 솔루션을 정리해보았습니다.

- 다른 사람의 부러운 장점을 보았으면 시기 질투만 하지 말고, 나도 그렇게 닮고 배울 수 있는지 알아본다.
- 나와 완전히 다른 장점이라면 친구를 충분히 인정하고 축하해 준다.
- 나의 장점이 무엇인지 생각하고 나의 강점을 발전시킬 수 있는 방법을 찾아본다.

【 마음에 깊이 담기 】

《장자》외편에는 이런 말이 나옵니다. "고니는 날마다 씻지 않아도 희고 까마귀는 날마다 검게 물들이지 않아도 검다." 백조는 목욕하지 않아도 흽니다. 까마귀는 매일 세수를 하고 씻어도 검어요. 백조는 예쁘고 까마귀는 못났다는 얘기일까요? 아닙니다. 자기만의 고유함을 사랑하라는 이야기입니다. 누구나 장단점이 있고 약점과 강점이 있습니다. 되지 않는 것을 억지로 바꾸려 하는 것보다 내가 가진 것에 감사하고 만족하는 자세가 필요합니다.

주목받고 싶어요

*

지위가 없음을 고민하지 말고 그 자리에 설 수 있는 능력이 되는지를 고민해야 하며, 자기를 알아주지 않는다고 걱정하지 말고 남이 알아줄 만하도록 노력해야 한다.

—《논어》 제4편 리인(里仁)

【 이렇게 접근하세요 】

사람은 누구나 인정 욕구가 있습니다. 데일 카네기의 저서

《인간관계론》에 보면 대부분의 사람은 건강, 음식, 수면, 돈, 성적인 만족, 자녀의 행복, 그리고 중요한 사람이 되고 싶은 욕망이 있습니다. 앞선 여섯 가지의 욕망은 노력하면 가능한데 반해 중요한 사람이 되고 싶은 욕망은 타인과의 관계에서만 채워집니다. 강력한 욕망임과 동시에 쉽게 채울 수 있는 욕구가 아닙니다. 그래서 누구나 인정 욕구에 대한 목마름이 있습니다.

주목받고 싶은 욕구는 중요한 사람이 되고 싶다는 뜻입니다. 중요한 사람이 되고 싶다는 의미는 누군가로부터 인정받고 싶다는 뜻입니다. 부모와 자녀, 부부, 학생과 교사 등 관계를 맺는 여러 사람과 우리는 인정 욕구를 주고받습니다.

'오늘의 글귀'를 찬찬히 뜯어봅니다. 남이 나를 알아주기를 바라기보다 그에 걸맞은 사람이 되라고 합니다. 아이들에게 친구나 부모님에게 인정받고 싶은 부분이 있는지 물어봅니다. 그리고 주의할 점도 함께 생각해봅니다. 인정과 대우만 바라면 안 되겠죠. 훌륭한 결과는 노력이 바탕이 되어야 하기에 아이와 함께 실천할 점을 찾아봅시다.

열심히 했는데도 아무도 알아주지 않으면 어떻게 해야 할까요? 부모님이나 선생님이 몰라줄 수도 있고, 결과가 나쁘게 나와 인정을 받지 못할 때도 있습니다. 이럴 때 아이의 의견을 물어봅니다.

여기서 중요한 질문이 하나 생깁니다. 자신의 노력을 꼭 다른 사람이 알아주어야 할까요? 그게 가능할까요? 사람들 대부분은 타인보다 자신에게 관심이 많습니다. 그래서 인정 욕구는 타인이 100퍼센트 채워줄 수 없어요. 그러나 채울 방법이 없는 것은 아닙니다. 그 방법은 뭘까요? 바로 스스로를 잘했다고 인정해주는 것입니다. 자존감, 인정 욕구에 영향을 미치는 요인 중 하나는 내면의 목소리입니다. 이 내면의 목소리가 긍정의 메시지를 보내면 타인의 인정에 목말라하지 않고도 인정 욕구를 채울 수 있습니다. 아이와 긍정적인 내면의 목소리를 바깥으로 꺼내는 활동을 해봅시다. 눈으로 보고 입으로 말할수록 그 내용은 더 짙게 마음속에 각인됩니다. 실제로 내면의 목소리도 원래는 외부의 목소리였습니다. 주변에서 가장 많이 들었던 말을 모아 내면의 목소리로 만들기 때문입니다. 자신의 든든한 지원군이 자기 자신이 되면 타인의 인정이 없어도 자신감 있게 생활할 수 있습니다.

아울러 다른 사람을 인정해줄 줄 아는 예쁜 마음도 함께 길러봅시다. 스스로를 충분히 칭찬했다면 부모님에게 인정과 감사를 표현해보는 자리를 가지면 좋겠습니다. 부모님 또한 아이에게 충분한 인정을 받을 자격이 있습니다.

1. 부모님에게 이 부분만큼은 꼭 인정받고 싶은 것이 있나요?
2. 인정받는 데 필요한 노력은 무엇인지 생각해봅시다.
3. 나를 인정하는 사람이 꼭 타인이어야만 할까요? 내가 나를 인정해주는 말을 포스트잇이나 일기장에 써봅시다.
4. 다른 사람을 기쁘게 인정할 줄 아는 눈을 키워봅시다. 부모님의 어떤 점을 가장 인정하나요?

【 친구들은 이렇게 생각했어요 】

이번 글의 핵심은 '노력'입니다. 막상 함께 읽다 보니 아이들이 자기 나름대로 노력하고 있었다는 걸 알게 되었습니다. 물론 다른 사람이 볼 때는 티도 안 나고 노력과 담쌓은 아이처럼 보일 수도 있겠지만 각자 나름의 애씀을 가지고 있었습니다. 아이들은 인정받고 싶었지만 알아주지 않아서 속상했던 경험을 자연스럽게 이야기했습니다. 가족과의 일화가 많았습니다. 부모뿐만 아니라 오빠나 누나, 형에게 인정받고 싶은 동생들도 많았어요. 열심히 운동하고 와서 오빠에게 자랑했는데, 비아냥

거리는 표정으로 "네가? 간식 사러 갔다 온 거 아니고?"라는 말에 힘이 빠졌답니다. 누나에게 자신이 잘 웃기는 사람이란 걸 보여주고 싶은데 누나의 반응은 맹숭맹숭하대요. 부모님에게 학교에서 열심히 한 걸 자랑했는데 딴생각하면서 건성건성 칭찬해서 김이 빠져버렸대요. 이 부분에선 약간 뜨끔했어요. 바쁠 때 저도 그렇거든요.

인정은 원하는 만큼 다 받을 수 없습니다. 사람마다 판단 기준이 달라서 자신은 굉장히 열심히 해서 이룬 결과라도 다른 사람에게는 대수롭지 않을 수 있어요. 어떻게 하면 좋을까요? 아이들은 '더 노력한다, 다른 사람이 알아주도록 자랑한다, 이만큼 노력했다는 증거를 보여준다'처럼 어떻게든 다른 사람의 인정을 받기 위한 방법들을 이야기했습니다. 그러다 한 남학생이 가뭄의 단비 같은 말을 합니다. "스스로를 인정합니다!" 제가 듣고 싶었던 말이 바로 이거였어요. 어떻게 그런 생각을 했는지 물었더니, 유튜브에서 봤답니다. 본 내용을 기억하고 발표하니 기특합니다. 다른 사람에게 받고 싶었던 인정의 말을 스스로에게 해주는 시간을 가졌습니다. 교실을 한 바퀴 순회하면서 아이들이 쓴 글을 슬쩍 읽었습니다. 보기만 해도 기분이 좋아지는 말들이 적혀 있습니다. 다른 사람이 인정해주지 않을 땐 스스로를 칭찬하면 참 좋습니다.

우리가 다른 사람의 인정을 바라듯이, 반대로 다른 사람을 인정해줄 줄도 알아야 합니다. 다른 누구보다 소중한 부모님을 인정해야죠. '우리 부모님의 이것만은 인정한다'를 주제로 발표했습니다. 다들 부모님의 장점이 한가득했습니다. 발표 내용을 '보석 노트'에 예쁘게 붙이기로 했습니다. 그러다 한 친구가 자랑스럽게 발표합니다. "선생님 저는 무엇보다 우리 부모님의 뱃살을 인정합니다! 정말 찐이에요!" 이 말에 모두가 폭소를 터트렸지요.

〖 마음에 깊이 담기 〗

《논어》 제1편 학이(學而)에는 "남이 나를 모른다고 걱정하지 말고, 내가 남을 모르는 것을 걱정하라"라는 말이 있습니다. 스스로 노력하고 인정하는 단계를 넘어 상대도 알아주자는 의미입니다. 다른 사람에게 인정받기만을 바라기보다 상대의 훌륭한 점을 먼저 알아주면 어떨까요? 아이와 함께 마음속에만 묻어둔 칭찬을 꺼내는 시간을 가져봅시다. 표현하는 습관도 연습해야 길러진답니다. 마음을 주고받으면 기쁨은 배가 됩니다.

불평할 일 투성이예요

〖 오늘의 글귀 〗

사람의 주변 환경이란 누구나 만족스러운 경우와 그렇지 않은 경우가 있게 마련인데 자기만 혼자 다 갖출 수 있겠는가? 자기의 감정도 이치에 맞는 경우와 그렇지 않은 경우가 있게 마련인데 남들이 모두 이치에 맞기만을 바랄 수 있겠는가? 그러므로 서로를 살피고 대조하여 문제를 해결하는 것이 올바른 방법이라 하겠다.

—《채근담》전집 53장

아이들과 생활하다 보면 종종 불평불만을 듣곤 합니다. 조율해보기도 하고 안 된다고 선을 긋기도 하는데요. 불평불만은 대부분 비교에서 옵니다. 자신이 처한 환경이 다른 사람보다 못해 보일 때 우리는 만족하기 어렵습니다.

어릴 때 컴퓨터가 없었습니다. 종종 컴퓨터로 하는 숙제가 있었는데, 친구 집에 가서 하거나 학원에서 해결하곤 했습니다. 집에 컴퓨터 있는 친구가 항상 부러웠어요. 제 가정환경이 불만족스러웠습니다. 여기서 '우리 집은 컴퓨터를 살 만한 경제적 형편이 왜 안 될까?' 하고 한없이 파고들기보다는 '그럴 수도 있지'라고 생각하는 것이 중요합니다. 바로 '오늘의 글귀'와 관련이 있습니다.

아이들과 큰 소리로 《채근담》의 글을 읽어봅니다. 첫 번째 나눌 내용은 현재를 인정하라는 메시지입니다. 사람이 처하는 환경이란 만족스러운 경우와 그렇지 못한 경우가 있는데 '유독 자기만 다 갖출 수 없다'고 합니다. 이 부분을 아이들이 마음으로 받아들이고 인지하는 것이 중요합니다. 가끔 체육 경기를 하거나 조별 협동 게임을 할 때 자기 팀이 지는 경우 과도하게 화를 내는 학생이 있습니다. 그리고 자기가 꼭 유리한 편에 서야 하고 이득을 보지 않으면 크게 상심하는 학생도 있습니다. 이러한 친구들은 모든 환경이 만족스럽지 않을 수 있음을 아는 것이 중요합니다. 이때 행복의 이야기를 해주세요. 행복은 한 사람에게만 머무는 걸 지루해하고 이곳저곳으로 날아다니기를 좋아합니다. 그래서 행복은 누구에게나 올 수 있고, 내게 있다가도 어느 순간 날아가버릴 수도 있어요. 그러니 주어진 환경이 만족스럽지 않다고 계속 불만을 가질 필요도 없고, 지금 만족스럽다고 항상 그럴 거라고 믿고 자만해서도 안 됩니다. 오히려 행복한 순간에 감사해야죠.

두 번째로는 만족입니다. 환경이 만족스럽지 못할 때, 만족하는 방법은 무엇일까요? 만족할 수 없는데 만족하라니요? 말이 이상하다고 할지도 모르겠습니다. 하지만 아이들에게 한번 물어봅시다. 어떻게 하면 만족하지 못하지만 만족할 수 있을까요? 바로 현재에 대해 '감사'하는 겁니다. 저만 해도 경제적으로 풍족하지는 않았지만 자상한 부모님과 착한 동생과 함께 지낸 유년 시절이 얼마나 감사한지 모릅니다. 우리 아이들도 지금부터 감사하는 마음을 갖고 풍족한 마음으로 살아가면 좋겠습니다.

1. 모든 상황이 내 마음대로 되는 것이 가능할까요?
2. 만족하지 못하는 상황에 만족할 수 있는 방법은 무엇이 있을까요?
3. 내가 가지고 있는 감사할 점을 찾아서 기록해봅시다.

〖 친구들은 이렇게 생각했어요 〗

"선생님, 옆 반은 체육하는데 우리는 왜 안 해요?"
"엄마, 친구는 주말에 레고랜드 간다는데 우리는 어디 안 가요?"

가끔 아이들의 입이 툭 튀어나오는 날이 있습니다. 노력은 하지만 아이의 요구를 모두 만족시킬 수는 없습니다. 우리 집 만의, 우리 반만의 상황이 있기 때문입니다. 불만족스러운 부분은 놔두고 만족할 부분을 찾아봅니다. 그래서 우리 반은 감사 일기를 한 줄이라도 매일 씁니다. 제러미 애덤 스미스의 책 《감사의 재발견》에 보면, 감사는 '알아채기' '생각하기' '느끼기'

'행하기'의 4단계가 있습니다. 여기서 부모와 교사는 '행하기'에 관심을 쏟지만, 감사 지도를 할 때는 앞의 세 단계가 중요합니다. 감사한 부분을 민감하게 알아채고 충족감을 느껴야 감사 표현이 나오기 때문입니다. 평소 감성이 풍부하고 표현력이 좋은 아이들은 쉽게 감사 일기를 쓰지만 한 줄도 쓰기 어려워하는 아이도 있습니다. 감사한 게 하나도 없다고 합니다. 그러면 아침으로만 좁혀서 물어봅니다. "오늘 아침에 어떤 일이 있었니?" "아침에 일어나서 밥을 먹고 친구랑 놀았는데요. 아! 아침밥 챙겨주신 거 감사하다고 쓸게요." 일주일째 같은 글을 쓰는 아이에게 부모님께 다른 감사한 점은 없는지 물어봅니다. 아침에 일찍 깨워주어서 감사하다고 합니다. 그리고 힘들 때 안아주어서 감사하다고 합니다.

이렇게 조금씩 찾아나갑니다. 부모가 아침에 깨워주고 음식을 차려주고, 빨래를 해주고, 아플 때 병원에 데려가주는 일은 평범한 아이라면 흔히 겪는 일상입니다. 선생님이 쓰라고 하니까 간신히 쓰는 감사 일기지만, 당연하다고 생각했던 부모님에게 감사함을 느끼는 기회가 됩니다. 아이의 감사 일기는 대부분 부모님으로 시작하는데 한두 달이 지나면 친구, 통학 버스 기사님, 학원 선생님, 그리고 자연환경으로까지 범위가 넓어집니다.

짧은 감사 한 줄이라도 계속 모이다 보면, 모든 상황에 만족할 수는 없어도 자신이 만족할 수 있는 부분이 무엇인지 알게 됩니다. 이론적으로도 감사할 때 스트레스 수치를 낮추고 통증을 완화하는 뇌 전전두엽 피질의 한 영역이 활성화된다고 합니다. 감사 일기를 통해 만족의 기쁨을 아이에게 알려주세요.

이제 두 번째 문구에 집중해볼까요? 아이들은 '감정이 이치에 맞는 경우와 그렇지 않은 경우'의 의미를 잘 이해하지 못합니다. 이럴 때는 아이의 말로 바꾸어야 합니다. 사람의 감정은 때와 상황에 따라 다릅니다. 잘못했을 때 사과하고, 친구가 실수했을 때 배려하는 등 항상 일관적이고 바르게 감정을 표현할 수 있다면 얼마나 좋을까요? 아무리 착한 아이라도 그날 컨디션에 따라 친한 친구에게 툭툭거릴 수 있고, 별것 아닌 일에 불같이 화를 내거나 토라질 수도 있습니다. 주변 환경과 마찬가지로 우리의 감정 또한 좋을 때와 좋지 않을 때가 있다는 말입니다. 당연하다는 듯이 내 감정 기복에 따라 행동해서도 안 되겠지만 가끔은 서로 이해해주기로 합니다. 나도 감정이 이치에 순응하지 못하는 경우가 있듯이 다른 사람 또한 그럴 수 있다는 걸 아는 거죠.

만족하는 마음은 가진 것이 많다고 해서 많이 만족하고, 적게 가졌다고 해서 적게 만족하는 것이 아니라 어떻게 받아들이냐에 따라 달라집니다. 《명심보감》 제6편 안분(安分)에는 "만족함을 아는 사람은 가난하고 천해도 즐겁게 살고, 만족함을 모르는 사람은 부유하고 귀해도 근심스럽게 산다"라고 했습니다. 누구나 모든 것을 가질 수는 없습니다. 부모님이 먼저 아이에게 만족과 행복에 관한 이야기를 많이 해주세요. 그럼, 아이도 함께 감사할 줄 알게 됩니다.

귀찮아서 안 하고 싶어요

＊

이미 정도에 맞지 않는 즐거움을 누렸다면 예측하지 못할 근
심에 대비하라.

—《명심보감》 제11편 성심(省心)

【 이렇게 접근하세요 】

이 글을 읽자마자 아이들은 떠오르는 생각이 많을 겁니다.

제일 먼저, 정도에 벗어나는 즐거움을 누리고 근심이 생겼던 경험을 물어봅니다. 어른도 마찬가지죠. 어릴 때 방학 숙제로 일기 쓰기가 있었는데 개학 3일 전에 한 달 치를 몰아서 쓰느라 고생한 적이 있습니다.

아이들도 학원 숙제, 엄마 숙제, 학습지 등 해야 할 과업이 있습니다. 숙제를 해야 한다는 찝찝함이 마음 한편에 있지만 일단 놉니다. 아이들에게도 말할 기회를 실컷 주세요. 위 글귀와 관련된 이야기가 무척 많을 테니까요.

반대로 차곡차곡 준비를 잘해서 성공한 경험도 있는지 물어봅니다. 숙제를 미리 해둔 덕에 저녁때 마음이 후련했던 경험 말입니다. 숙제는 엄마와 아이가 가장 많이 실랑이를 벌이는 부분이기도 하지요.

마지막으로 '즐거움'의 여러 유형을 아이에게 알려줍니다. 모리스 마테를링크의 동화 《파랑새》에 보면 즐거움의 종류에 대해서 심층적으로 잘 나와 있습니다. 몇 가지를 소개해드릴 테니, 아래를 참고하여 아이와 이야기를 나누어봅시다. 먼저 '뚱뚱한 즐거움'입니다. '뚱뚱한 즐거움'은 '눈으로 직접 볼 수 있는 행복'으로 '아무것도 하지 않는 즐거움' '잠만 자는 즐거움' '사치스러운 즐거움' '소유하는 즐거움' '허영심이 충족되는 즐거움' '배고프지 않아도 먹는 즐거움' 등이 있습니다. 어떤가요. 생각만 해도 행복하죠? 그런데 책을 읽다 보면 뚱뚱한 행복에게 어떤 일이 닥칩니다. 그 일이 뭐냐면요. 화려하기만 하던 뚱뚱한 행복들이 갑자기 바람 빠진 풍선처럼 쪼그라들더니 바닥에 나뒹굴기 시작합니다. 불안해진 뚱뚱한 행복은 어둡고 구석진 곳에 몸을 피하려고 동굴에 숨어드는데 그 동굴의 이름이 '불행'입니다. 다소 섬뜩한가요? 가만 보면 《명심보감》의 글귀와 《파랑새》의 내용 일부가 일맥상통함을 알 수 있습니다. 이 이야기가 시사하는 바는 무엇일지 아이의 의견을 들어봅니다.

'뚱뚱한 즐거움'만 있지는 않겠죠. 저 높이 있는 하늘 문 가까이에는 '커다란 즐거움'이 있습니다. '커다란 즐거움'에는 '일을 마쳤을 때의 기쁨' '깨달음의 기쁨' '생각하는 기쁨' '선하게 사는 기쁨' '사랑하는 기쁨' 등이 있습니다. '커다란 즐거움'은 '뚱뚱한 행복'처럼 눈에 보이지는 않지만 형용할 수 없는 큰 즐거움을 줍니다. 아이가 추구하는 기쁨이 '뚱뚱한 즐거움'인지 '커다란 즐거움'인지 한번 생각해봅시다. '뚱뚱한 즐거움'은 당장은 좋지만, 너무 남용하면 걱정과 근심을 가져다줍니다. '커다란 즐거움'은 당장 눈앞에 보이지는 않지만 지나고 나면 커다란 행복으로 다가오지요. 우리의 삶은 순간순간의 선택으로 이루어집니다. 아이와 즐거움의 균형을 맞추고 대화를 하는 시간을 가져봅시다.

1. 정도를 벗어난 즐거움을 누리고 근심이 생긴 적이 있나요?
2. 차곡차곡 준비를 잘해서 결실을 맺은 경험이 있나요?
3. 즐거움의 여러 유형 중에 가장 좋아하는 즐거움의 유형과 그 이유는 무엇인가요?
4. '해야 할 일'과 '편함' 사이에는 조율이 필요합니다. 어떻게 조율하면 좋을까요?

【 친구들은 이렇게 생각했어요 】

먼저, 하기 싫은 아이의 마음에 공감합니다. 아이뿐인가요. 저부터도 게으르고 몸 편한 일을 찾는 데 선수니까요. 학교 업무나 기한이 있는 일을 할 때 최대한 미루고 싶습니다. 평소에는 관심도 없으면서 꼭 해야 할 일이 생기면 웹툰이나 TV가 그렇게 보고 싶습니다. 힘든 상황에서 도피하고 싶은 마음에 자꾸 다른 걸 하는데요. 그렇다고 마음이 편하느냐? 절대 그렇지 않죠. 어차피 하긴 해야 할 일입니다.

아이들에게 물었습니다. 숙제하고 쉬는지, 안 하고 쉬는지

를요. 놀랍게도 반반입니다. 부모는 아이가 숙제를 안 하고 놀면 답답합니다. 숙제하고 놀라고 하고 싶습니다. 초 단위로 잔소리하고 싶은 욕구를 꾹 참을 때도 있어요. 어른인 저도 할 일하고 노는 게 힘든데 아이는 오죽할까요. 부모가 아닌 교사로서 아이의 마음에 충분히 공감을 표했습니다. 덧붙여 선생님도 그렇다고 고해성사를 했죠. 아이들이 꽤 좋아합니다. 한편이 된 듯하답니다. 그래도 선은 확실히 그어줘야겠죠.

대전제 질문을 합니다. "숙제하고 놀든, 놀고 숙제하든 숙제를 그날 안에 끝내는 사람!" 한두 명 빼고 다 손을 듭니다. 어떻게든 숙제를 하는 겁니다. '숙제한다'라는 큰 경계가 확실하다면 언제 하느냐에 대한 선택은 아이 스스로 할 수 있도록 도와줍시다. 아이가 약속대로 안 한다면 부모와 계속 조율하면서요. 《자기주도학습 코칭 프로그램》이라는 책에서 5회차 프로그램을 보면 '선택권 주기'가 있습니다. 부모가 바라는 바를 일방적으로 명령하지 않고 아이가 제 일을 스스로 선택하고 실천하게 하는 방법입니다. 아이는 본래 자신의 힘을 부모에게 보여주고 싶어 합니다. 그런데 부모의 명령만 받아온 아이는 자기의 힘을 보여줄 기회가 없어서 부모의 명령을 어기는 방식으로라도 자신의 힘을 보이려고 합니다. 대신 아이 스스로 선택하고 실천하게 하면 자기의 힘을 보여줄 수 있으니 자기 효능감도 쌓입니다.

아이들의 이야기를 들어보니 숙제 습관이 다양했어요. 어른이 생각하기에는 맑은 정신에 숙제 먼저 하고 잘 때까지 노는 게 효율적인 것 같지만, 그렇지 않은 아이도 있습니다. 낮에 하면 놀 게 생각나서 엉덩이 붙이고 앉아 있기 힘든데, 저녁때 하면 차분하게 숙제가 잘된답니다. 저의 첫째 아이도 매일 연산 문제를 푸는 걸 집에 오자마자 하게끔 유도했더니 거부감이 심했습니다. 시간도 한참 걸렸고요. 그러더니 자기는 저녁 시간에 하겠답니다. 학교 갔다 와서는 자유를 달라네요. 그러고는 약속 시간에 숙제를 합니다. 잘 안될 때도 있지만 스스로 해내는 날이 많아지고 있습니다.

아이가 자율적으로 한다면야 숙제를 언제 하든 크게 문제 되지 않습니다. 만약 아이가 숙제를 자주 미루고 힘들어한다면 하루에 하기 과한 분량일 수도 있습니다. 엄마에겐 별것 아닌데 아이에게는 부담이 될 때도 있지요. 아이의 쉬는 시간과 공부 시간을 적정히 조절하여 아이의 생활 습관을 함께 맞춰가도록 합시다.

　　다산 정약용은《목민심서》에서 "재난을 미리 생각해서 대비하는 것은 재난을 당한 후에 백성에게 은혜를 베푸는 것보다 낫다"라고 했습니다. 재난이 발생한 후 백성을 규율하기보다는 미리 재난을 막기 위해 손을 써두어야 한다는 말이지요. 유비무환(有備無患)이라는 사자성어가 있습니다. 미리 준비해두면 큰 걱정을 덜 수 있습니다. '정도에 벗어난 즐거움'이 아닌 '정도를 지키는 즐거움'으로 미래의 행복을 챙길 수 있도록 아이와 이 글귀를 함께 나누어봅니다.

인기가 많았으면 좋겠어요

❋

덕이 있는 사람은 외롭지 않다. 반드시 따르는 이웃이 있다.

—《논어》제4편 리인(里仁)

【 이렇게 접근하세요 】

인기는 누구에게나 관심사입니다. 인기 많은 친구는 어딜 가나 환영받고 주변에 친구들이 모여듭니다. 그 모습을 보면

105

괜스레 부럽고 그렇게 되고 싶은 마음도 듭니다. 특히 친구 관계가 중요한 초등학교 시기에는 인기가 더 중요하게 다가옵니다. 인기를 주제로 이야기 나눌 때는 부모의 경험도 이야기해 주세요. 부모의 경험담에 아이들은 언제나 귀를 쫑긋합니다.

인기 있는 사람은 우선 매력적인 사람입니다. 이 매력은 크게 두 가지로 생각해볼 수 있습니다. 처음 만났을 때 호감을 주는 인상이면 매력적입니다. 외모가 중요한 역할을 합니다. 그런데 외모가 다는 아닙니다. 연예인 중에서도 한순간에 인기가 떨어지는 일이 있습니다. 학창 시절 학교 폭력에 연루되었거나 범법 행위를 했을 때죠. 인기가 오래 지속되는 사람들은 외모뿐만 아니라 다른 매력이 있습니다. 어떤 매력이 인기를 유지하게 하는 걸까요?

'오늘의 글귀'에 답이 있습니다. 바로 '덕'입니다. 덕은 도덕적이고 윤리적인 이상향을 실현해나갈 수 있는 인격적인 능력입니다. 추상적인 개념이기 때문에 오히려 아이들의 다양한 생각을 들어볼 수 있습니다. 아이가 덕이라는 단어를 어려워하면 인기 있는 친구의 성격에서 장점을 떠올려보자고 해봅시다. 매력 있는 친구들이 가진 덕이 무엇인지 함께 찾아보는 겁니다.

또한 자신의 매력을 높이기 위해서는 어떤 덕을 키우면 좋을지도 함께 생각해봅니다. 여기서 주의할 점이 있습니다. 가령 인기 많은 친구의 덕이 활발하고 긍정적인 성격으로 여러 친구와 두루두루 잘 지내는 점이라고 합시다. 그럼 조용하고 소극적인 친구는 덕이 없는 걸까요? 그렇지 않습니다. 덕은 고유하고 다양합니다. 각자가 가진 덕을 찾고 발전시키면 됩니다. 성격이 차분하고 친구들의 이야기를 귀담아 잘 들어준다면 그 또한 훌륭한 매력이자 덕입니다. 자기만의 매력을 찾아보고, 발전시키고 싶은 덕도 생각해봅니다.

〔 아이와 나눌 질문 〕

1. 부모님의 이야기를 들어봅시다. 부모님은 어릴 때 인기가 많았나요? 혹은 주변에 인기 있는 친구가 있었나요?
2. 우리 반에서 인기 많은 친구가 있나요? 그 친구가 가진 덕을 써봅시다.
3. 내가 가지고 있는 덕은 무엇인가요?
4. 가장 갖고 싶은 덕을 정하고 실천하는 방법을 생각해봅시다.

먼저《논어》의 글을 큰 소리로 함께 읽습니다. 덕이 있는 사람은 주위에 끊임없이 사람이 모입니다. 한마디로 인기가 많습니다. 아이들에게 어릴 적 친구 이야기를 들려주었습니다.

"선생님이 초등학교 때 좋아했던 여자 친구가 있었어요. 항상 그 친구와 같은 반이 되기를 원했고, 그 친구와 짝이 되었으면 좋겠고, 주말에는 그 친구와 놀고 싶었어요. 선생님뿐만 아니라 다른 친구들도 그 친구를 좋아했어요. 급기야 2학기 때는 그 친구와 친해지려고 다른 친구와 경쟁까지 했죠. 그 친구를 왜 좋아했을까? 생각해봤습니다. 돌이켜보니 그 친구는 얘기를 잘 들어줬어요. 맞장구도 잘 쳐서 그 친구랑 얘기를 하면 선생님이 주인공이 된 기분이었어요. 그리고 잘 웃었어요. 작은 일에도 깔깔깔 잘 웃는 친구 덕에 늘 같이 웃었어요. 그 친구와 함께 있으면 항상 신이 났어요. 그래서 그 친구가 좋았어요."

"선생님 친구가 가진 덕은 뭘까요?"라는 질문에 아이들은 친구의 말을 잘 들어주고 긍정적이고 밝은 성격이라고 말합니다. 이어서 주변에서 덕이 있어 인기가 많은 사람을 찾아보기로 했습니다. 한 아이가 자신 있게 손을 듭니다. 가장 덕이 많은 사람이 '엄마'라고 합니다. 엄마는 원래 주변 사람들을 잘 챙기고 친절한데, 엄마에게 일이 있을 때면 주변에서 모두 도와준다고 합니다. 엄마를 자랑스럽게 여기며 발표하는 아이의 표정에는 활기가 넘칩니다. 이 아이의 어머님은 버스를 놓친 아이들을 종종 학교까지 태워주기도 하고 다른 학부모와의 대화에서도 훈훈한 이야기가 들립니다. 전화 통화만으로도 친절하고 따뜻한 분임을 알 수 있습니다. 아이의 말대로 덕이 있어 인기 있는 분이 분명합니다. 자신이 가장 좋아하는 친구의 덕을 얘기하니 다들 '친구들의 마음을 잘 헤아려주고 베풀 줄 아는 마음을 가진 아이'를 1순위로 꼽습니다. 서로 좋아하는 친구의 장점을 찾고 칭찬해주는 모습이 보기 좋은 시간이었습니다.

덕이 있는 사람에게는 자연스럽게 사람이 모입니다. 친구를 힘으로 제압하거나 편을 갈라 위화감을 조성하는 것이 아니라 자연스레 어우러져 즐겁고 편안한 분위기를 형성하는 아이, 그런 아이야말로 은은한 향기로 사람을 모으는 덕을 지닌 인기 있는 아이입니다.

〖 마음에 깊이 담기 〗

친구를 사랑하는 마음, 친구의 좋은 일에 진심으로 축하를

전하는 손 편지, 친구가 어려울 때 위로해주는 말 한마디는 아무리 쓰고 또 써도 줄지 않습니다. 《도덕경》 하편 81장에서는 "남을 위해 다 썼지만 쓰면 쓸수록 많아지고, 이미 남에게 다 주었지만 주면 줄수록 더욱 풍요롭다. 하늘의 도는 이익을 줄지언정 손해는 주지 않으며, 성인의 도는 행할지언정 다투지 않는다"라고 했습니다. 남에게 다 내어주고도 행복한 마음이 가득 차오르는 것이 바로 덕임을 이 글귀를 읽으며 나눠보세요.

전 못해요

하지 않는 것과 못하는 것의 모습이 어떻게 다릅니까?라고 묻자 맹자가 대답했다. "태산을 겨드랑이에 끼고서 북해를 뛰어넘는 것에 '나는 할 수 없다'라고 말하는 경우, 그것은 정말로 할 수 없는 것이다. 그러나 어른을 위해서 팔다리를 주물러주는 것에 대해 '나는 할 수 없다'라고 말하는 경우 그것은 하지 않는 것이지 못하는 것이 아니다.

—《맹자》양혜왕(梁惠王) 상

"내가 어떻게 그걸 해? 난 못해."

"난 걔랑 죽어도 화해 못해."

"난 원래 수학 못했어."

해보지도 않고 자신의 스타일이 아니라는 이유로, 여건이 안 된다는 이유로 우리는 못한다는 말을 자주 씁니다. 자세히 살펴보면 정말로 할 수 없는 것과 하기 싫은 일 모두를 '못한다'는 말로 통용하여 쓰는 경향이 있습니다. 이는 옛날에도 마찬가지였나 봅니다. 그런데 정말로 못하는 걸까요?

아이와 함께 공책을 준비합니다. 아이가 '잘 못한다'고 생각하는 것들을 쭉 쓰게 하세요. 많으면 많을수록 좋습니다. 생각나는 것 모두 써봅니다. 잘하고 싶은데 못하는 것을 되도록 앞에 쓰면 좋아요. 아이와 함께 목록을 천천히 읽어봅니다. 그리고 아이 스스로 정말로 못하는 것과 할 수 있는데 안 하는 것을 구별해서 점검해봅니다. 반 아이들과 해보면 놀랍습니다. 못한다고 쓴 목록 중에 잘할 수 있는 방법이 있는 일이 대부분이거든요. 사실은 하기 싫었음을 절로 인정하게 됩니다.

아이와 천천히 《맹자》의 글귀를 읽어봅니다. 이 글을 읽으면 '하지 않는 것'과 '못하는 것'이 다름을 알 수 있습니다. 이제 아이들에게 필요한 덕목은 '용기'입니다. 맹자가 강조하고 있는 덕목이기도 합니다. 수학을 못한다고 생각하는 아이를 떠올려 봅시다. 못한다고 하면 방법이 없는데 할 수 있다고 하면 방법이 있어요. 수학 능력을 향상할 여러 방법이 있습니다. 그런데 심리적으로 수학을 못하는 아이는 수학 공부를 하기가 힘듭니다. 그러니 노력도 하기 싫고 노력을 안 하니 성적도 안 나옵니다. 성적이 낮으니 자연스레 수학을 못한다고 생각하지요. 잘 해보겠다고 다짐하고 용기를 갖고 도전하는 데는 부모와 교사의 도움이 필요합니다. 오늘 아이가 쓴 목록에서 딱 하나만 골라봅시다. 그리고 '나는 할 수 있다'라고 크게 써 붙여놓고 여러 방법을 아이와 궁리해보면 좋겠습니다. 도전!

【 아이와 나눌 질문 】

1. 못하는 것을 최대한 써볼까요?
2. 목록을 찬찬히 살펴보며 못하는 것과 하지 않는 것을 구별해봅니다.
3. 할 수 있는데 못한다고 생각했던 목록 중 한 가지를 골라

도전해봅니다.

아침 시간에 《맹자》의 구절을 씁니다. 잠깐 내용을 살펴볼까요. 산을 옆에 끼고 바다를 건너는 것은 인간으로서 도저히 불가능하죠? 이를 보고 못한다는 말을 씁니다. 그런데 부모님께 효도하는 것은 못하는 게 아니라 안 하는 거겠죠. 그런데 대부분 '그런 거 못해'라는 말을 '그런 거 안 해'와 동의어로 사용합니다. 두 가지를 정확히 구분해야 합니다. 이를 알아채고 나면 다음은 쉽습니다. 못한다고 마음을 굳히기 전에 아이와 한 번 생각해보는 겁니다. 자신이 없는 부분이 있다면 "진짜 못하는 거 맞아?"라고 스스로 다시 물어보는 겁니다. 오늘 《맹자》의 글귀가 바로 이 부분의 지혜를 건네고 있습니다.

아이들에게 못하는 것을 쭉 써보라고 했습니다. 그중에서 진짜 못하는 것을 표시하게 했습니다. 이를테면 현실 상황과 나이가 허락하지 않는 목록입니다. '하늘 날기' '개인 자동차 갖기' 등입니다. 그 외에 할 수 있을 것 같으면 포스트잇에 '할 수 있다'고 써보았습니다. 재미있게도 아이들은 '못하는 것 목록'

에 대부분 '할 수 있다'라고 썼습니다. 아이들도 놀랐습니다.

- 춤을 못 춘다고 생각했는데 연습을 안 한 거였다.
- 기타 배울 때 코드 잡기가 어려워서 못한다고 생각했는데 연습하니까 코드가 잡혀서 기분이 좋았다.
- 잘생긴 남자 캐릭터를 그리고 싶었는데 이상하게 그려져서 난 그림하고 안 맞는 줄 알았는데 그림 공부를 안 해서 못하는 거였다.
- 큐브를 못하는 줄 알았는데 막상 맞춰보니 잘할 수 있었다.
- 서술형 문제를 못 푼다고 생각해서 아예 쳐다보지도 않았는데, 찬찬히 읽고 풀면 풀 수 있었다. 사실은 못하는 게 아니라 귀찮았던 거다.
- 수학을 잘 못해서 그냥 놀았는데 생각해보니 답을 찾을 수 있었다.

아이들의 다양한 경험담이 쏟아집니다. 특히, 수학 서술형 문제 이야기에 웃음이 납니다. 아이들은 문장이 길면 풀려고 시도조차 안 할 때가 있습니다. 읽기 귀찮아서 모르겠다고 합니다. 그런데 입말로 읽어주기만 해도 아이들은 곧잘 풉니다. 이번 시간을 통해 아이들의 핑곗거리를 하나 줄였습니다. 못하는 게 아니라 할 수 있는 거니까요. 아이와 함께 할 수 없다고 생각한 일들을 짚어보고 '할 수 있다'라고 포스트잇에 크게 써 붙여봅시다.

〚 마음에 깊이 담기 〛

"능력이 부족한 자는 도중에 가서 그만두게 되는 것인데, 지금 너는 미리 선을 긋고 물러나 있구나"는 《논어》 제6편 옹야(雍也)의 글입니다. 도를 좋아하지만, 능력이 부족한 것 같다는 제자 염구의 모습을 보고 공자가 하는 말입니다. 아이가 잘 못한다고, 재능이 없는 것 같다고 의기소침할 때가 있나요? 처음은 서툴고 미숙하지만 조금씩 노력할수록 어제의 나보다 오늘 더 발전할 수 있습니다. 미리 선을 긋고 물러나지 말고 한번 용기 내보자고 아이를 격려해주세요. 성취감과 뿌듯함이 아이를 기다리고 있습니다.

나는 누구일까요?

다른 사람을 아는 사람은 슬기롭지만, 자신을 아는 사람이 더욱 명찰(明察)한 사람이다.

다른 사람을 이기는 사람은 힘이 있지만, 자신을 이기는 사람이 더욱 강한 사람이다.

—《도덕경》상편 33장

자신이 아는 자기 목소리와 남이 듣는 자기 목소리가 다릅니다. 자신이 듣는 목소리는 '입 밖 공기를 통해 전달되는 소리'와 '몸 안에서 울려 나오는 소리'를 합쳐서 듣지만 다른 사람이 듣는 소리는 바깥 공기를 통해서만 듣기 때문입니다. 목소리만 그럴까요? 성격도 자신이 생각하는 성격과 남이 생각하는 성격이 다를 수 있습니다.

김영하 작가가 한 예능 프로그램에서 MBTI를 믿지 않는다고 말했습니다. 자기가 자기를 판단하며 하는 검사가 얼마나 신빙성 있는지 알 수 없어서입니다. 어쩌면 친한 친구가 그 사람을 생각하며 하는 검사가 더 정확할지도 모르겠습니다. 이렇듯 나를 정확하게 알기란 쉽지 않습니다.

이번 글은 크게 두 가지를 이야기합니다. 첫째는 '나를 아는 것'이고 두 번째는 '나를 이기는 것'입니다. 먼저 '나를 알기' 위해 간단한 활동을 해봅시다. 빈 종이에 아이가 스스로 생각하는 자기 성격을 쓰고, 부모도 아이의 성격을 씁니다. 비교해보면 같은 부분도 있고 다른 부분도 있을 겁니다. 다른 부분에 대해 서로의 생각을 나눕니다. 부모에 대해서도 함께 써보면 서로를 이해하는 기회가 됩니다.

두 번째는 '나를 이기는 것'입니다. 나를 이긴다는 말은 자신과의 약속을 잘 지킨다는 의미입니다. 계획을 세우기는 쉬운데 꾸준히 실천하기는 어렵습니다. 학기 초에 세웠던 그럴싸한 계획도, 연초에 했던 수많은 다짐도 한두 달 지나면 흐릿해집니다. 하다못해 하루 전날 일찍 일어나서 운동해야겠다고 다짐해도 다음 날 새벽이 되면 잠에 취해 미루기 쉽습니다. 결국, 본래의 편하던 모습 그대로 삽니다. 목표한 바를 꾸준히 실행하는 일은 정말 어렵습니다. 그런데 성공한 사람들을 분석해보면 계획을 실행하는 능력이 공통된 특징이라고 합니다. 이는 '나를 이길 수 있느냐'와 직결됩니다. 아이와 함께 자신을 이길 수 있는 실천 가능한 작은 일들을 계획해봅시다.

〖 아이와 나눌 질문 〗

1. 내가 아는 나의 모습을 생각나는 대로 써볼까요? 부모님이 써주신 것과 비교해봅시다.
2. 서로 다른 내용이 있다면 부모님과 대화를 나누어보세요. 생각이 변한 부분이 있나요?
3. 나를 이긴다는 의미는 무엇일까요? 나를 이기는 방법은

무엇일까요?

4. 나를 이길 수 있는 작은 실천 거리를 정하고 행동으로 옮겨봅시다.

명찰하고 강한 사람이 되기 위해서는 두 가지가 필요합니다. 첫째는 자기를 아는 것이고, 두 번째는 자기를 이기는 것입니다. 첫째, 자신을 알아보는 시간을 가졌습니다. 요즘 아이들이 좋아하는 MBTI 얘기를 꺼냈습니다. "I인 사람!" 했더니 3분의 1이 손을 듭니다. 그중 몇몇이 눈을 동그랗게 뜹니다. "네가 I라고? 넌 누가 봐도 E인데!" 제 생각에도 굉장히 활발한 아이였습니다. 물론 학교생활 할 때의 모습과 내밀한 속사정은 다를 수 있겠지요. 밖에서는 자타 공인 E지만 사실은 내향형 I의 기질이 클 수 있습니다. 이 친구는 자신은 내향형 I라고 생각하지만, E의 장점도 가지고 있습니다.

일상적인 대화를 통해서 미처 몰랐던 자기 모습을 알게 되면 처음엔 생소하지만, 자신을 새롭게 바라보는 계기가 됩니다. 의미 있는 경험이라서 교실에서도 자주 합니다. '장점 찾기'라고 해서 포스트잇에 써서 서로 붙여주기도 하고 학습지를 만들어 돌아가면서 써주기도 합니다. 혹여 다른 사람을 통해 자신의 단점을 알았다 하더라도 귀담아듣는 것만으로도 발전할 수 있습니다.

학교생활을 하다 보면 잘하는데도 자신감이 없는 아이들이 있습니다. 분명히 생각이 깊은데, 그림에 소질이 있는데, 글을 잘 쓰는데, 목소리가 좋은데 그저 잘 못한다고 손사래를 칩니다. 이런 아이일수록 자신을 살펴보고 자기가 잘하는 것과 좋아하는 것이 무엇인지 성찰하는 시간을 주면 좋습니다. 간혹 칭찬에 인색한 부모님이 있습니다. 객관적으로 봐도 아이가 잘한다면 자신감을 가지도록 칭찬을 듬뿍 해주세요. 자신감은 도전을 위한 새로운 원동력이 됩니다.

자신을 알기 위한 또 다른 방법에는 무엇이 있을까요? 발표를 들어보니 취미 생활을 통해서, 일기를 쓰면서, 친구와의 대화를 통해서, 공부 스타일을 분석해보면서, 책의 글귀를 통해서 알 수 있다고 합니다. 머릿속 레이더망을 켜놓기만 하면 언제 어디서든 자신을 새롭게 발견할 수 있습니다. 내가 어떤 사람인지 알면 진로를 탐색할 때나 학습 계획을 짜거나, 학교생활을 할 때 많은 도움을 받을 수 있습니다. 고칠 건 고치고 장점은 알아가면서 자신에게 관심을 가지고 사랑하기로 했습니다.

두 번째는 '나를 이기는 사람'입니다. 다른 사람을 이기기 위한 경쟁은 타인의 능력에 따라 좌지우지되지만 자신을 이기는 것은 자기가 기준이기 때문에 주변 영향을 받지 않고 꾸준히 발전할 수 있습니다. 쉽지 않지만 일단 해봐야겠죠? 새 학기, 방학이 시작할 때마다 목표를 세우고 실천하기는 교실에서 꼭 하는 활동입니다.

〖 마음에 깊이 담기 〗

《소크라테스의 변명》에서 소크라테스는 "분명히 이 사람보다 내가 더 지혜롭다. 왜냐하면 이 사람이나 나나 좋은 것과 아름다운 것에 대하여 전혀 아는 바가 없지만, 이 사람은 자기가 모르면서도 안다고 생각하고, 나는 모르니까 모른다고 생각한다. 비록 대수롭지 않은 일이지만 모르니까 모른다고 생각하는 것으로 보아 내가 이 사람보다 더 지혜롭다"라고 했습니다.

자신을 아는 것은 성격뿐만 아니라 학습에도 적용됩니다. 나를 아는 것은 메타 인지와도 밀접한 관련이 있는데요. 메타 인지가 높은 사람은 내가 어느 위치에 있는지 볼 줄 아는 안목이 있습니다. 정확히 무엇을 알고, 무엇을 모르는지를 파악해야 다음 학습과 진도를 계획하는 데 효율적입니다. 소크라테스의 글귀를 아이에게 소개하며 학습한 내용을 점검하는 시간을 가져봅시다.

용기 있는 사람이 되고 싶어요

스스로를 돌이켜보아서 의롭지 않다면 누더기를 걸친 사람
에 대해서도 두려움을 느낄 것이고, 스스로 돌이켜보아서 의
롭다면 천군만마가 쳐들어와도 용감하게 맞서 싸울 수 있을
것이다.

—《맹자》공손추(公孫丑) 상

이번 글귀는 '용기'에 대해서 말합니다. '용기'라는 단어를 처음 듣는 아이는 없을 겁니다. 그럼 굳센 기상인 용기는 어디에서 나올까요? 강력한 힘에서 나올까요? 아니면 부유함에서 나올까요? 아이와 함께 글귀를 읽고 답을 찾아봅시다.

이 글의 핵심 문구는 '스스로 돌이켜보아서'입니다. 스스로 생각했을 때 행동이 떳떳하다면 어떤 사람이 와서 말을 해도 흔들리지 않습니다. 그런데 스스로 떳떳하지 않다면 움츠러듭니다. 그렇다면 스스로에게 떳떳하다는 것은 어떤 의미일까요?

공손추는 맹자의 제자입니다. 《맹자》 공손추편에서 맹자와 공손추는 용기에 관해 이야기를 나눕니다. 여기서 '용기'는 '부동심(不動心)'의 마음에서 나옵니다. 부동심이란 한자 그대로 '흔들리지 않는 마음'입니다. 즉 외부 자극에 흔들리지 않는 내면화된 용기입니다. 이를 갖춘 사람은 물질이나 욕심에 유혹되지 않습니다. 부자라고 해서 돈을 흥청망청 쓰거나 가난하다고 해서 다른 사람에게 비굴한 행동을 하지 않습니다. 주관이 뚜렷하고 의로운 사람이지요. 맹자도 40세가 되어서야 이 경지에 오를 수 있었다고 합니다.

아이도 부모도 항상 흔들립니다. 사람에 따라 태도도 달라지지요. 나이가 어리거나 친절한 사람에게는 어려운 말도 쉽게 하지만, 까다롭고 엄격한 사람에게는 해야 할 말도 망설입니다. 아이도 마찬가지일 겁니다. 인기 있고 영향력 있는 친구한테는 불만이 있어도 쉽게 말 못 하지만, 힘이 약하고 소극적인 친구에게는 말하기가 쉽습니다. 맹자는 이를 경계하고 있습니다. 누더기를 걸친 사람이든, 천군만마를 갖춘 사람이든 신념이 올곧다면 누가 와도 떳떳하고, 잘못했다면 누가 와도 잘못을 인정할 줄 압니다.

우리 아이에게 맹자의 '부동심'과 같은 신념이 있나요? 부모는 어떤가요? 아이에 대한 신념이 있다면 주변에서 어떤 이야기가 들려와도 아이를 끝까지 믿고 지지할 수 있습니다. 아이도 마찬가지입니다. '네가 할 수 있겠니? 아무나 하는 거 아니야'와 같은 이야기에도 아랑곳하지 않고, 스스로를 믿고 끝까지 해보는 힘이 용기지요. 아이와 '용기'를 지닌 삶에 대해 이야기해봅시다.

1. 상대에 따라서 내 행동이 달라진 적이 있나요? 그 이유는
   무엇인가요?
2. 용기 있는 사람이란 어떤 사람일까요?
3. 내가 할 수 있는 용기 있는 행동은 무엇인가요?

【 친구들은 이렇게 생각했어요 】

  아이들에게 어떤 사람이 용기 있는 사람이냐고 물었더니 위
급한 상황에서 목숨을 바쳐 사람을 구한 사람, 독립운동가, 번
지점프에서 뛰어내리는 사람 등을 이야기했습니다. '용기'에 대
해서 조금 더 깊이 있게 나누기 위해 고전 글귀를 다시 읽었습
니다. '천군만마'와 '누더기를 걸친 사람'이 대구를 이루고 있습
니다. 이 두 비유는 무엇을 상징할까요? 바로 상황을 나타냅니
다. '어려운 사람을 도와준다' '옳은 말을 한다' '진실하게 사람
을 대한다' 등의 중요한 가치가 '천군만마'나 '누더기를 걸친 사
람'처럼 각기 다른 상황에 맞닥뜨렸을 때 일관적으로 지켜질
수 있느냐를 생각해보는 글귀입니다. 예를 들어 힘세고 반에서

영향력이 큰 남자아이가 "야, 쟤랑 놀지 마"라고 했을 때 그렇게 하지 않을 용기를, 운동장에서 어린 동생이 축구 골대를 왜 형들만 차지하느냐고 물었을 때 무시하지 않고 자리를 내어주는 용기를 말하고 있습니다.

이 외에도 용기 있는 행동에는 무엇이 있을까요? 한 친구가 손을 들어 발표합니다. 혼날 줄 알면서도 잘못한 일을 솔직하게 말하는 것이 용기라고 합니다. 자신에게 다소 불리한 상황일지언정 '솔직하게 말한다'는 가치를 따르고 있습니다. 좋은 용기의 사례예요. 이 친구의 발표를 시작으로 다른 친구의 의견도 들어봅니다.

> · (나랑 상관없지만) 친구에게 어려운 일이 있을 때 적극적으로 도와주는 용기.
> · (날 미워할까 봐 두렵지만) 친구가 다른 친구를 괴롭힐 때 하지 말라고 단호하게 말하는 용기.
> · (만만한 아이라서 무시해도 그만일 것 같지만) 원칙을 지키는 용기.
> · (어려워 보이지만) 큰맘 먹고 도전할 수 있는 용기.
> · (나만 튀어서 불이익을 받을까 봐 겁도 나지만) 자기 생각을 당당하게 말할 수 있는 용기.
> · (나한테 불리하지만) 우리 팀의 반칙을 인정하는 용기.

괄호 친 부분은 상황이고 뒷부분은 일반적인 가치를 말합니다. 결국 흔들리지 않는 마음인 용기는 일관성에서 옵니다. 상대가 어려운 사람이든 쉬운 사람이든, 부자이든 가난하든, 다른 사람이 보고 있든 보고 있지 않든 간에 말과 행동이 일관적인 사람이라면 그 사람은 용기 있는 사람입니다. 아이와 용기에 대해서 나누고 보니 용기 있는 사람 되기가 쉬운 일이 아닙니다. 이 말에 아이들도 살포시 고개를 끄덕입니다. 하지만 (쉽지 않더라도) 용기 있는 사람이 되고자 하는 것 또한 용기입니다. 아이들과 함께 용기를 가져보기로 합니다.

《대학》 전 6장에는 꽤 무서운 말이 나옵니다. "소인은 혼자 있을 때는 선하지 않은 행동을 거침없이 하다가 군자를 보면 그런 일이 없었다는 듯이 선하지 않은 행동을 가리고 선한 척을 한다. 그러나 사람들은 그 속을 훤히 들여다보고 있으니, 무슨 소용이겠는가! 이것은 진실로 마음속에 있는 것이 곧 드러난다는 뜻이다. 그러므로 군자는 반드시 혼자 있을 때도 신중하게 행동한다." 특히 '사람들은 그 속을 훤히 들여다보고 있으니'라는 문장이 '아이들은 부모와 교사 마음속을 훤히 들여다보고 있으니'라고 읽힙니다. 상황에 따라 부모도 귀찮을 때가 있습니다. 그렇다고 부모가 아이에게 했던 말과 다르게 행동하면 아이는 혼란스럽습니다. 아이들은 부모의 일거수일투족을 다 보고 있으니까요. 아이를 가르치는 대로 부모의 행동도 흠 없이 도덕적이라면 얼마나 좋을까요? 어른 또한 '부동심'의 마음을 명심해야겠습니다.

2장   배움이 즐거운 아이

공부를 잘하고 싶어요

군자가 말하길, 학문을 중단하면 안 된다.

푸른 물감은 쪽에서 나왔지만, 쪽빛보다 더 푸르고,

얼음은 물로 이루어졌지만, 물보다 더 차다.

— 《순자》 권학(勸學) 편

이 글귀를 보면 떠오르는 사자성어가 있습니다. 바로 청출어람(靑出於藍)입니다. 푸른색 원료는 쪽(남색)에서 얻지만, 쪽보다 푸르다는 의미로 '스승보다 제자가 낫다'라는 뜻입니다. 이 사자성어의 원 문장은 바로 오늘의 글귀인 《순자》 권학(勸學)편의 첫머리에 나오는 '청취지어람이청어람(靑取之於藍而靑於藍)'입니다.

어떤 아이가 "선생님은 아는 게 많아서 좋겠어요"라고 합니다. 아이의 말은 교사의 지식이 자기 머릿속에 있으면 더 공부하지 않아도 된다는 의미였습니다. 과연 그럴까요? 교사나 부모 모두 기성세대입니다. 아이가 성인이 되었을 때의 사회는 지금과는 또 다른 사회일 것입니다. 새로운 사회를 이끌어나가기 위해서는 기성세대보다 어린 세대가 뛰어나야 합니다. 청출어람하기 위해서는 어떻게 해야 할까요?

부모의 세계관을 뛰어넘어 스스로 공부할 줄 알아야 합니다. 여러 경로를 통해서요. 초등학교는 사람이 살아가는 데 필요한 기초 기본 교육을 하는 곳입니다. 여러 과목을 통해서 잘하는 분야와 흥미 있는 분야를 찾아나갈 기회를 제공합니다. 다만 학교는 학생이 좋아하는 분야에 집중해주지 않습니다. 이런 게 있다, 정도로 배울 뿐입니다.

아이에게 특별히 더 잘하고 싶고 배우고 싶은 분야가 있는지 물어봅시다. 아이의 자발성은 성취에 있어서 아주 중요합니다. 18세의 나이로 2022년 제16회 반 클라이번 국제 콩쿠르에서 우승을 차지한 임윤찬 군은 7세 때 여느 아이들과 마찬가지로 태권도를 배울까 피아노를 배울까 고민하다가 피아노를 배우기 시작했습니다. 이후 피아노에 푹 빠져서 하루에 12시간씩 연습을 했다고 합니다. 인터뷰에서 알 수 있듯이 유명해지고 싶은 마음도 없었습니다. 그저 피아노가 좋아서 누가 시키지 않아도 매일 피아노를 쳤더니 자연스레 세계적인 수준을 갖추게 된 겁니다. 악기든 공부든 청출어람할 정도로 뛰어나게 잘하기 위해서는 그 분야에 의미를 가져야 하고 좋아해야 하며 아이 스스로 의지가 있어야 합니다. 이는 부모가 억지로 강요해서 되는 문제가 아닙니다.

요즘은 뭐든 마음만 먹으면 배울 수 있습니다. 그 분야의 전문가를 직접 찾아가지 않아도 됩니다. 온라인 강의도 차고 넘칩니다. 궁금한 내용도 검색어만 입력하면 쉽게 알 수 있는 세상입니다. 아이의 관심 분야를 살펴보고 배움과 기록의 루트를 함께 알아봅시다. 학교에서 배우는 것만이 배우는 것이 아닙니다. 수동적인 배움은 금방 잊어버리고 내 것이 되지 않습니다.

궁금한 것이 있으면 직접 정보와 기능을 찾아보고 습득하는 경험을 쌓아봅시다. 다른 사람들은 이 고민을 어떻게 해결했는지도 알아보는 겁니다.

〖 아이와 나눌 질문 〗

1. 사자성어 청출어람의 뜻은 무엇입니까?
2. 스승보다 제자가 뛰어나기 위해서는 어떻게 해야 할까요?
3. 나만의 공부 잘하는 방법을 공유해봅시다.

〖 친구들은 이렇게 생각했어요 〗

아이들과 이번 글귀의 핵심인 청출어람의 의미를 함께 나눕니다. 청출어람을 처음 접하는 아이들은 뜻을 알려주어도 스승과 제자 사이를 쉽게 유추하지 못합니다. 부가 설명이 필요합니다. 청출어람을 이야기하면서 비슷한 맥락의 다른 글귀도 함께 소개합니다. 박노해의 시 〈스승과 제자〉에는 "훌륭한 제자란 스승을 잡아먹는 자"라고 표현했으며 니체의 소설 《차라투

스트라는 이렇게 말했다》에는 "언제까지나 제자로서만 머물러 있음은 스승에 대한 좋은 보답이 아니다"라고 했습니다. 동서양을 막론하고 왜 제자는 스승을 뛰어넘어야 한다고 말하는 걸까요? 아이들에게 질문해봅니다. 아이들은 세상이 빠르게 바뀌기 때문에 배우는 방식이나 내용도 달라져야 한다고 대답합니다. 맞습니다. 아이들은 답을 알고 있습니다. 그럼 어떻게 해야 할까요? 교사의 가르침을 받는 것에서 만족하고 멈추면 안 됩니다. 더 궁금한 게 있다면 스스로 터득하고 배워야 합니다.

아이들은 관심이 생기면 스스로 배우는 능력이 탁월합니다. 한 예로 6학년 국어 수업에 영상 제작 단원이 있습니다. 뉴스나 학교 일상 브이로그, 졸업 축하 영상, 자치회 홍보 영상 등 다양한 영상 제작 기회가 있어요. 평소 여러 매체를 접하다 보니 5, 6학년 아이들은 영상 제작에 관심이 많습니다. 영상 제작 단원에서는 아이들에게 하나하나 알려주지 않습니다. 제가 사용하는 앱을 알려줄 때도 있지만 아이들에게 묻기도 합니다. 저보다 아이들의 정보가 좋을 때도 많습니다. 어떤 앱인지만 알려주면 다음부터는 알아서 합니다. 궁금한 기능, 만들고 싶은 기능은 바로바로 유튜브에서 찾아보면서 만듭니다.

결과물을 받아보면 자막을 넣는 감각이나, 영상 표현 방식이 매우 창의적입니다. 제가 만든 것과는 비교가 안 됩니다. 직접 만든 아이는 뿌듯하고, 보는 아이들은 자극이 됩니다. 아이들과 학교 폭력 예방 동영상을 함께 만든 적이 있었는데, 시간을 거꾸로 돌리는 장면과 실시간으로 카카오톡을 주고받는 장면을 보고 도대체 어떻게 만든 거냐며 서로 궁금해하기도 했습니다. 수업 시간이 끝나면 영상 만들기를 좋아하는 친구들이 모여 서로 정보를 주고받습니다. 이 모습이 좋아 보여 앞으로 새롭게 알게 되거나 관심 있는 분야가 있으면 교실에서 반 친구들과 함께 공유하기로 했습니다.

학교에서도 방과 후 활동을 통해서 문화 예술 체험, 코딩 교육 등 다양한 분야를 접할 수 있습니다. 고학년쯤 되면 자신이 무엇을 좋아하는지 좀 더 자세하게 살펴봐야 합니다. 잘하고 좋아하는 것을 찾으면 그다음엔 노력을 쏟기만 하면 되니까요. 노력은 어떻게 쏟으면 될까요? 아래의 '마음에 깊이 담기'에서 소개한 글귀를 아이와 함께 읽어봅시다.

【 마음에 깊이 담기 】

《중용》제20장의 글귀를 살펴볼까요. "남들이 한 번에 해내는 일이라면 나는 백 번을 할 것이요, 남들이 열 번에 해내는 일이라면 나는 천 번을 시도할 것이다." 이 글귀 앞의 소절도 좋습니다. "배움이 없을지언정, 배운다면 능통하지 않고는 절대 그만두지 않겠다. 묻지 않을지언정, 묻는다면 완전히 알게 되지 않고는 그 물음을 중간에 멈추지 않겠다." 배우고, 묻고, 생각하고, 판단하고, 실행하는 데 있어서 최선을 다해 끝까지 해보겠다는 강력한 다짐이 담겨 있습니다. 읽다 보면 글의 에너지가 독자에게까지 전해집니다. 아이와 함께 읽어봅시다. 해보고 싶은 일을 정했나요? 남들이 한 번에 하면 나는 백 번을 하겠다는 다짐으로 힘차게 파이팅을 외쳐봅시다.

왜 배워야 할까요?

＊

사람이 배우지 않음은 재주 없이 하늘에 오르려는 것과 같다.
배워서 지혜가 깊어지면 마치 상서로운 구름을 헤치고 푸
른 하늘을 바라보며 높은 산에 올라가 세상을 바라보는 것
과 같다.

—《명심보감》 제9편 권학(勸學)

140

어릴 땐 '배움'에 대해 깊게 생각해본 적이 없습니다. 생활에 필요한 기본예절은 부모님께 배웠고, 학교에 다니면서 본격적인 공부를 했지요. 어른들이 워낙 강조해서인지 배움은 자발적이라기보다는 의무에 가까웠습니다. 그런데 돌이켜 생각해보니 배움이 마냥 의무는 아니었습니다. 선생님이 재밌는 얘기를 하면 귀를 쫑긋했고, 친구들과 협동하여 작품을 완성할 때면 뿌듯했으며, 영어, 프랑스어, 한자를 배우며 실생활에 적용했을 때는 앎의 기쁨을 느꼈습니다.

아이들에게 배움은 어떤 의미일까요? '도대체 이런 걸 왜 해야 하는 걸까?' 하고 궁금해하는 아이도 있겠고, 집에서 부모님이 중요하다고 하니까 하는 아이도 있겠고, 배움 자체를 즐거워하는 아이도 있을 겁니다. 초등학생은 배워야 할 것에 둘러싸여 있다고 해도 과언이 아닙니다. 한 번쯤은 배울 내용이 아닌 배움 자체에 대해 짚고 이야기 나누는 시간이 필요합니다.

이 글귀를 보면 높은 산에 올라가 아래를 내려다보는 장면을 상상할 수 있습니다. 얼마나 탁 트인 광경인가요! 눈에 선연히 떠오릅니다. 산에 오르느라 흘린 구슬땀은 절대 헛되지 않습니다. 아래에 있을 때는 보이지 않던 것들이 높은 곳에서는 쉬이 보입니다. 어릴 때는 의무감으로 배웠다면 성인이 되어서는 배움을 찾아다닙니다. 이렇게 공부했으면 하버드대학에 갔겠다며 늦깎이 공부에 재미를 붙인 어른들이 우스갯소리도 하지요.

아이에게 배움을 어떻게 생각하는지 물어봅시다. 또한 배움에 관한 부모의 생각도 알려주세요. 어릴 때부터 지금까지를 돌아봤을 때 배움에 대해 어떤 생각의 변화가 있었는지, 부모가 느낀 배움의 기쁨에 대해 함께 나눠보세요. 부모의 과거 얘기도 좋습니다.

"엄마는 배움이 두려움을 자신감으로 바꿔준다고 생각해. 학교에 첫 발령이 났을 때 아무것도 몰라서 두렵고 막막했는데 선배 선생님이 1년 동안 열심히 배우면 괜찮을 거라고 하셨어. 3월 입학식부터 학부모 상담 주간, 운동회, 성적 처리, 학습 발표회 등 처음에는 낯설고 어려웠지만 열심히 배웠더니 이제는 작년보다 발전된 일도 생각할 수 있단다. 배움은 할 일을 쉽고 빠르게 처리하도록 도와주고 새로운 일에 도전할 수 있는 여유와 용기를 줘. 우리 딸은 배움에 대해 어떻게 생각해?"

1. 배움을 비유적으로 표현해보세요. (배움이란 ~와 같다. 그
   이유는 ○○○이다.)
2. 배움의 기쁨을 느낀 적이 있나요?
3. 요즘 가장 배워보고 싶은 것은 무엇인가요? 시간을 어떻
   게 내면 좋을까요?

【 친구들은 이렇게 생각했어요 】

아이에게 배움을 어떻게 생각하는지 물어보면 추상적일 것
같아 비유적으로 표현하게 했습니다. 쓰는 표현만 보아도 배움
에 대한 아이들의 생각을 알아볼 수 있지요. 질문을 준비하면
서 답변을 예상해보았습니다. 공부가 재미있다는 아이들보다
힘들다는 아이들이 많기에 당연히 배움을 부정적으로 생각할
줄 알았습니다. 결론부터 말하면 아니었습니다. 아이들은 배
움을 긍정적으로 생각하고 있었습니다.

- 배움이란 처음에는 '절대로 밀 수 없는 돌'이었는데 점점 그 돌을 밀 수 있는 방법을 찾는 것과 같다.
- 배움이란 '새로운 친구' 같다. 처음엔 낯설지만 배우고 나면 익숙해지기 때문이다.
- 배움이란 1퍼센트를 먼저 채우고 갈수록 남은 99퍼센트를 채우는 것과 같다. 차근차근 배워나가기 때문이다.
- 배움이란 비행기와 같다. 비행기 타기 전에는 여러 가지 짐과 필요한 물건을 챙기느라 어려움이 있지만 비행기를 타면 고생이 사라지고 도착하면 뿌듯하기 때문이다.

글을 보며 배움의 결과뿐만 아니라 배움의 과정 또한 사랑함을 알 수 있었습니다. 놀랐습니다. 매일 보는 아이들이지만 직접 물어보고 나서야 아이들의 마음을 알았습니다. 배움에 대한 글 중 우리 반 남학생의 딱 한 마디가 기억에 남습니다. '배움은 간지다.' 아이들과 깔깔 웃었는데요. 맞는 말입니다. 많이 배운 사람은 멋있습니다. 어떤 일이든 열정적으로 몰입하는 사람은 뒷모습만 봐도 매력이 넘칩니다. 아이의 말 그대로 간지의 끝판왕이죠. 아이들과 배움의 긍정적인 의미를 살피고 나서는 배워서 좋았던 점도 나눴습니다. 미술 학원에서 배운 수채화 기법은 학교 미술 시간에 유용했고, 집에서 엔트리 사이트에 접속

해본 경험은 코딩 수업에 도움이 되었답니다. 피아노를 배우면서 배운 악보 보는 법은 기타를 배울 때도 유용하여 진도를 빨리 나갈 수 있었다고 해요. 작은 경험을 모아보니 모든 배움이 연결되어 있음을 알 수 있습니다. 배움의 즐거움에 대해 한껏 얘기하고 났더니 오늘의 수업 태도가 다른 날보다 더 좋네요.

〖 마음에 깊이 담기 〗

다른 친구들은 다 아는 것 같은데 나만 잘 모를 때 선뜻 묻기가 어렵습니다. 평생 바보가 되느니 한 번 바보가 되는 게 낫다는 명언도 있지요. 《논어》제5편 공야장(公冶長)에도 비슷한 문장이 있어요. "영민하여 배우기를 즐겁게 하고 아랫사람에게 물어보는 것을 부끄러워하지 않는다" 하여 공자는 배울 점이 있다면 묻기를 주저하지 말아야 함을 강조하고 있습니다. 아이에게 모르는 것을 모른다고 말할 줄 아는 사람이 진짜 용기 있는 사람이라고 얘기해줍시다. 친구에게 묻기가 어렵다면 인터넷이나 책을 찾아봐도 됩니다. 요즘은 모르는 걸 쉽게 알 수 있는 매체가 많으니까요.

'배움'과 '생각'은 어떻게 다른가요?

⟦ 오늘의 글귀 ⟧

배우기만 하고 생각하지 않으면 얻는 것이 없고,

생각하기만 하고 배우지 않으면 위태롭다.

—《논어》제2편 위정(爲政)

⟦ 이렇게 접근하세요 ⟧

요즘 아이들은 할 일이 많아서 그런지 배우는 데 급급한 경향이 있습니다. 수학 시간에 공식이 만들어지는 과정을 알려주는데 한 아이가 말을 끊습니다. "선생님, 그냥 공식 넣어서 풀면 돼요." 빨리 답을 내고 다음 문제를 풀고 싶어 합니다. 그렇다고 아이가 과정에 대해 잘 아느냐, 그렇지도 않습니다. 이번 글귀에서도 이를 경계하고 있습니다. 배우기만 하고 생각하지 않으면 얻는 것이 없습니다. 자기 계발서나 고전을 읽고 고개만 끄덕거리고 변하는 바가 없을 때도 적용되는 말입니다. 반대로 생각만 하고 배우지 않으면 고인 물이 썩어버리듯이 자기만의 생각에 갇혀버리게 됩니다. 새로운 배움이 끊임없이 들어와야 진정한 성장의 기쁨을 맛볼 수 있습니다.

아이와 함께 생각과 배움의 관계를 주제로 대화를 나눠봅시다. 배움의 중요성은 앞선 장에서 나누었으니 생각에 집중합니다. 생각의 중요성은 크게 세 가지입니다. 첫째, 생각을 통해 배운 내용을 더 깊이 이해할 수 있습니다. 배운 내용을 이해하려는 노력 자체가 생각입니다. '그냥 그런가 보다' 하고 배우는 것과 앞뒤 문맥을 파악하고 생각하며 배우는 것은 습득 결과에 현저한 차이를 보입니다. 공부 방식 면에서도 처음부터 끝까지 암기하는 것이 아니라 어떻게 공부할지 생각해야 공부도 효율적으로 할 수 있습니다. 수업 시간에 '집중하세요'라는 말은 '생각하세요'와 비슷한 의미입니다. 생각하며 배워야 더 잘 이해할 수 있습니다.

둘째, 생각은 또 다른 배움으로 연결됩니다. 책을 읽다 보면 궁금한 점이 꼭 생깁니다. 수업을 준비하면서 아이들의 꼬리 물기 질문에 대비해 공부합니다. '황산벌 전투에서 신라와 백제 양편 군사의 수는 정확하게 몇 명일까?' 《난중일기》에는 명량대첩의 상황 묘사가 구체적이지 않은데 역사서에는 어떻게 이렇게 상세히 기록되어 있을까? 다른 기록이 있나?' 생각하면 궁금하고, 궁금하면 더 공부합니다. 비록 아이가 질문하지 않더라도 수업을 준비하며 혼자 한 생각은 새로운 배움이 됩니다.

셋째, 생각은 창조로 연결됩니다. 화가를 예로 들어볼까요. 모네는 기존의 화풍을 벗어나 빛에 따라 사물이 변화하는 모습을 표현하고 싶었습니다. 모네가 출품한 〈인상, 일출〉이란 작품은 기존의 화풍과 확연히 달라서 당시 많은 비판을 받았습니다. 특히 비평가 루이 르로이는 '인상'밖에 없는, 그림의 기초도 되어 있지 않은 작품이라고 혹평하며 조롱의 의미로 '인상주의'라고 불렀습니다. 그러나 훗날 모네의 그림은 새로운 인상파 양식의 시작점이 되었지요. 이처럼 다른 사람은 미처 하지 못한 새로운 생각은 창조와 밀접하게 연결됩니다.

아이와의 대화가 어렵다면 생각의 중요성을 질문으로 바꾸어봅시다. 첫째, 자신만의 암기 비법으로 배운 내용을 오래 기억한 경험이 있니? 둘째, 배우다가 궁금한 점(생각)이 생겨서 더 찾아본 적 있니? 셋째, 배우다가 새롭게 떠오른 것이 있니?

〖 아이와 나눌 질문 〗

1. 배움과 생각은 어떤 관계일까요?
2. 배우기만 하고 생각하지 않으면 어떤 일이 생길까요?
3. 생각만 하고 배우지 않으면 어떤 일이 생길까요?

〖 친구들은 이렇게 생각했어요 〗

5학년 사회 시간, 고려 시대 팔만대장경 목판 만드는 과정을 배울 때였습니다. 한참을 보더니 아이가 묻습니다. "선생님, 만약에 목판에 글자를 새기다가 틀리면 어떻게 해요?" 금속활자와 다르게 목판은 한 글자만 틀려도 다시 만들어야 했습니다. 몽골의 침입을 막기 위해 제작한 팔만대장경은 장인들이 한 글자를 새길 때마다 세 번 절을 할 정도로 온 정성을 기울였습니다. 목판은 어떤가요. 뒤틀리거나 썩어 훼손되는 것을 방지하기 위해 나무를 바닷물에 3년 동안 담갔다가 찌거나 응달에 말려서 사용했습니다. 판 모양으로 자르고 대패로 다듬은 나무판 위에 같은 글씨체를 훈련한 사람들이 글을 쓰면, 그제야 솜씨 좋은 장인들이 조각을 시작하는 겁니다. 오탈자가 거의 없을 뿐만 아니라 5200만 자가 넘는 대장경판은 한 사람이 쓴 것처럼 글씨체가 일정합니다. 팔만대장경은 고려인들의 정성과 혼이 깃들어 있습니다. 이렇게 같은 내용을 읽더라도 당시 고려 시대 사람의 생활 모습을 생각하면서 공부하면 조상의 숨결을 가깝게 느낄 수 있습니다. 단순히 고려 시대 문화재를 달달 외우는 것이 아니라 당시의 상황을 그려보는 것, 옛글을 보고 현재의 내 모습과 비교해보는 것 모두 배움을 통해 생각하는 것입니다. 생각하면 재미있고 생생한 배움이 됩니다.

아이가 이번 《논어》의 글귀를 공부하더니 독서 노트에 비슷한 뜻의 다른 글을 찾아왔습니다. 고전 읽기 시간이 차곡차곡 쌓이면 다른 책에서 봤던 비슷한 글귀나 명언을 덧붙여 오기도 합니다. 한번 볼까요?

자기 안에 물음표가 없어서 아무것도 묻지 못하는 사람은
건전지를 넣고 단추를 누르면 북을 쳐대는 곰 인형과 별로

다를 것이 없다. (이어령,《생각 깨우기》)

생각하면 얻고, 생각하지 않으면 얻지 못한다. (윤휴,《백호 전서》)

아이가 생각의 중요성을 강조하는 글을 잘 찾아왔네요. 저도 고전 수업을 할 때 아이의 생각을 끌어내기 위해 '쉬운 말로 바꿔 쓰기' '고전 글귀와 관련된 경험담 말하기' '글귀가 좋은 이유 말하기' '짧은 이야기 짓기' 등 다양한 방법을 활용합니다. 고전은 옛날 사람들의 생각이지 아이의 생각이 아닙니다. 고전에 공감하든, 반기를 들든 아이의 생각이 고전보다 중요합니다. 현재의 삶에 적용하는 당사자가 바로 고전을 읽는 아이이기 때문입니다.

〚 마음에 깊이 담기 〛

"나는 생각한다. 고로 존재한다"라는 유명한 명언을 남긴 서양 철학자 르네 데카르트는 이성을 토대로 한 '생각'을 강조했습니다. 데카르트의 저서《방법서설》에 보면 진리를 탐구하는 사람이 지켜야 하는 네 가지 규칙이 나오는데, 그중 첫 번째로

'명증성의 규칙'을 소개합니다.

"내가 명백한 증거로써 옳다고 인식하는 것이 아니라면 어떤 것이든 진실로 받아들이지 않는다. 다시 말해 주의 깊게 생각하여 속단과 편견을 피할 것."

데카르트의 글을 보고 생각합니다. 우리가 옳다고 여기는 것이 진짜로 맞는 걸까요? 배움도 중요하지만 배운 내용이 옳은지 그른지, 진실인지 아닌지 생각해보는 자세도 중요합니다. 정보의 홍수 속에서 아이들 스스로 여러 자료를 비판적으로 살펴보고 취사선택할 줄 알아야 합니다. 이를 통해 디지털 리터러시를 길러야 합니다. 아이들이 유튜브나 기사를 접할 때 객관적으로 생각하는 힘을 기를 수 있도록 데카르트의 '명증성의 규칙'을 소개해주세요.

새로운 경험이 두려워요

✳

【 오늘의 글귀 】

한 가지 일을 겪지 않으면

한 가지 지혜 또한 생기지 않는다.

　　　　　　　—《명심보감》제11편 성심(省心)

【 이렇게 접근하세요 】

이번 글은 직독 직해가 가능합니다. 경험한 만큼 지혜가 생긴다는 뜻이지요. 비슷한 일상에서 벗어나 새로운 일에 도전할 때는 설렘과 동시에 두려운 마음도 큽니다. 이번 《명심보감》의 글귀는 포기보다는 도전을 권합니다. 두려움을 넘어 새로운 일을 경험하면 새로운 인연이 생기고 배우는 점이 많기 때문입니다.

첫 책을 출간할 즈음 매우 긴장했었습니다. 나 같은 사람이 책을 써도 되나 싶었습니다. 책은 유명하고 대단한 사람들이 쓰는 건데, 전 너무 평범했거든요. 제가 쓴 글을 한 줄 한 줄 읽을 때마다 자기 검열에 빠져 마음이 힘들었습니다. 그때 출판사 대표님이 해주신 말씀이 기억에 남습니다. '누구에게나 처음은 있다'라고요.

서점에 가면 수많은 책이 있습니다. 전부 다 사람이 썼습니다. 책을 쓸 수 있는 사람, 쓸 수 없는 사람이 따로 있는 게 아니라 쓰는 사람과 안 쓰는 사람이 있을 뿐입니다. 저는 책을 쓰는 한 가지 경험을 통해 A4 100쪽을 뚝심 있게 채워나가는 엉덩이 힘을 길렀고, 책 쓰기에 필요한 여러 가지를 배웠습니다. 한 가지의 새로운 경험은 한 가지의 지혜, 아니 열 가지의 지혜를 자라게 합니다. 시작은 두렵지만 해보면 생각보다 할 만합니다. '결국 다 사람이 하는 거다'라는 마음으로 임하면 됩니다. 아이에게 부모의 새로운 도전과 그에 관한 경험을 많이 들려주세요. 아이들은 어떤 위인의 이야기보다 부모의 경험담을 귀담아 듣습니다.

아울러 실패에 관해서도 이야기 나누고 싶습니다. 아이들은 실패를 해서는 안 된다고 생각합니다. 실패를 조금 다르게 생각해봅시다. 실패는 끝이 아닙니다. 황상열 작가는 실패를 통해 다시 한 발 더 나아가는 힘을 '실패력'이라고 했습니다. 실패하면 마음이 아픕니다. 그런데 실패는 생각을 부릅니다. '역경'을 거꾸로 읽으면 '경력'이라고 하죠. 실패는 새로운 경험이자, 성공보다 더 강도 높은 지혜를 얻게 합니다. 그뿐만 아니라 다른 사람의 실패를 감싸줄 줄 아는 넓은 마음도 갖출 수 있습니다.

[아이와 나눌 질문]

1. 새로운 경험을 할 때 기분이 어떤가요? (설레는지, 떨리는지, 왜 그런 생각이 드는지)
2. 경험을 통해 새롭게 배운 적이 있나요?
3. 앞으로 해보고 싶은 새로운 경험에는 무엇이 있나요?

아이들은 어른보다 새로운 경험을 좋아합니다. 주말에 딸과 유리공예 체험을 했는데 눈을 반짝이며 신나합니다. 박물관 견학, 현장 학습, 캠핑 등 다양한 체험 학습과 책이 어우러져 새로운 지혜를 싹트게 합니다. 경험을 통해 새롭게 배운 것이 있는지 아이들에게 물었습니다. 아이와도 경험을 꺼내어 분류해 보세요. 재미있는 활동이 됩니다. 우리 반 아이들의 이야기를 모아보니 세 가지로 분류할 수 있었습니다. 첫 번째는 직관적이고 안전에 관한 내용이었습니다.

> · 어릴 때 킥보드 타다가 하수구 구멍에 바퀴가 걸려서 위험했다. 그래서 킥보드 탈 때는 늘 조심한다.
> · 휴대폰을 보면서 걷다가 계단에서 발을 헛디뎠다. 그 뒤로 계단에서 휴대폰을 보지 않는다.

이 글을 보며 또 한 번 느낍니다. '길 다닐 때 핸드폰 보지 마라. 킥보드 탈 때 조심해라'라는 얘기를 숱하게 들었을 텐데, 아무리 옆에서 말해도 안 되던 것들이 직접 겪고 느껴야 실천으로 옮겨지는 것은 어쩔 수 없나 봅니다. 건강에 좋은 음식보다 지금 당장 편하고 맛있는 음식이 먼저 당기는 것처럼요. 두 번째로는 처음 겪는 경험에 적응해가는 과정에서 얻은 지혜를 이야기했습니다.

> · 6학년 형들과 처음 축구를 해봤는데 많은 점수 차이로 졌지만
> 내 축구 실력에 도움이 되었다.
> · 팽이버섯을 싫어하는 줄 알았는데 먹어보니까 맛있다.

아이들이 편식을 많이 하지요. 먹어보고 맛없다고 하면 이해라도 되는데 먹어보지도 않고 안 먹는다고 하면 속이 상합니다. 아이들에게도 얘기했습니다. 보는 것과 실제 해보는 것은 천지 차이이니 일단 경험해보고 결정하자고요. 세 번째로는 힘든 상황을 겪으면서 알게 된 지혜를 이야기했습니다.

> · 수학 시험을 42점 받고 충격을 받은 뒤 열심히 공부해 100점을
> 받는 지혜를 얻었다.
> · 작년에 한 친구에게만 매달려서 주변의 다른 친구들을 보지
> 못했다. 지금은 친구를 많이 사귀었다. 너무 괴로운 일도 시간
> 이 지나면 다 보물이다. 얻는 게 있다. 그땐 보이지 않을 뿐이
> 지······.

성적을 낮게 받았지만, 열심히 해서 결국 100점을 맞았다니 대견합니다. 두 번째 글에서는 아이의 성장이 보입니다. 힘든 일도 시간이 지나면 보물이 된다는 아이의 글이 마음을 울리죠. 힘든 일이든, 뿌듯한 일이든, 새로운 일이든, 어려운 일이든, 경험을 통해서 우리는 성장합니다.

〖 마음에 깊이 담기 〗

《명심보감》제11편 성심(省心)에서는 "높은 낭떠러지에 서 보지 못한 사람이 어찌 굴러떨어지는 걱정을 알겠는가. 깊은 연못에 가보지 못한 사람이 어찌 빠져 죽는 걱정을 알겠는가. 큰 바다를 보지 못한 사람이 어찌 드센 풍파에 휩쓸리는 걱정을 알겠는가"라고 했습니다. 높은 낭떠러지, 깊은 연못, 큰 바다는 경험의 크기를 나타냅니다. 보고 듣고 경험한 바가 많은 사람은 마음이 깊고 여유가 있습니다. 경험은 즐거울 수도 있지만 힘들 수도 있습니다. 아이와의 관계든, 직장이든, 육아든 바닥을 치듯 고될 때가 있겠지만 훗날 좋은 경험이었다고 여길 날이 있을 거예요. 오늘의 《명심보감》 글귀로 마음을 다잡고 힘든 경험도 좋은 쪽으로 생각해봅시다.

왜 공부를 해야 할까요?

옛날에 공부한 사람들은 자신의 수양을 위해 학문을 했는데,
요즘 공부하는 사람들은 남에게 보이기 위해서 한다.

—《논어》 제14편 헌문(憲問)

【 이렇게 접근하세요 】

《논어》에서는 공부하는 이유에 대해 두 가지를 예로 듭니

다. 첫째는 자기 수양을 위해서고, 두 번째는 남에게 보이기 위해서죠. 이 두 가지 중 아이의 생각은 어디에 가까운지 물어봅시다.

공자는 공부의 이유를 출세를 위한 발판보다 자신의 수양으로써 강조하고 있습니다. 그런데 공부는 자기 수양과 타인의 인정이라는 목적이 섞여 있는 경우가 많습니다. 스스로에게 물어봅시다. 공부를 열심히 하는 이유가 100퍼센트 자기 수양에만 있을까요? 아무도 알아주지 않는 공부를 하기란 쉽지 않습니다. 그런데 아무 인정도 못 받는 공부가 있긴 할까요? 도둑질이나 거짓말처럼 도덕적으로 어긋나는 공부가 아니라면 어떤 공부든 사회에 도움이 될 것이며, 누군가의 인정을 받곤 합니다.

인정받기 위한 공부가 나쁘다고 생각하지 않습니다. 다만 《격몽요결》 혁구습장에 보면 버려야 할 묵은 습관으로 '공연히 문장 잘하는 것을 가지고 시속의 사람들에게 칭찬받으려 하는 것'을 들고 있습니다. 즉 공부를 다른 사람에게 잘 보이려는 수단으로 사용하는 것을 경계하는 내용입니다.

남에게 보이기 위한 공부는 지속하기 어렵습니다. 유인에 따라 일관성도 없고요. 그런데 아이들은 인정 욕구만을 위해 공부하지 않았습니다. 처음엔 부모님이 칭찬하니까, 100점 맞

으면 친구들이 부러워하니까 공부했지만 모두 자기 수양의 욕
구가 있지요. 같은 배움이라도 사람마다 추구하는 목적의 비율
이 다를 뿐입니다. 전체를 100으로 놓고 자기 수양과 인정 추
구의 비율이 어느 정도인지 가늠해보는 것도 재미있는 활동입
니다.

재밌어서 시작했는데 잘해서 인정받는 일도 있고, 인정받으
려고 했는데 재미를 찾을 때도 있습니다. 이처럼 공부의 욕구
는 다양하게 얽혀 있습니다. 이제 아이의 이야기를 들어볼까
요? 자신의 수양을 위한 공부와 인정받기 위한 공부 사이에 부
등호를 표시해봅시다. 우리 아이는 어느 쪽에 더 치중해 있나
요? 물론 이 부등호는 시간이 지나면 바뀔 수 있습니다.

[아이와 나눌 질문]

1. 공부를 왜 하나요?
2. 자기 수양을 위한 공부와 인정받기 위한 공부 중간에 부
   등호를 표시하고 그 이유를 설명해봅시다.
3. 인정받기 위해서만 공부한다면 어떤 일이 생길까요?

아침에 출근했더니 아이들이 잔뜩 흥분해 있습니다. 당장 이야기 좀 하자고 합니다. 이번 글귀에 대해 아이들이 하고 싶은 말이 많았나 봅니다. 아이들이 다 온 것을 확인하고 공부하는 이유에 대한 대화를 시작합니다.

제일 먼저 손을 든 아이가 말합니다. "선생님, 옛날에는 공부할 기회가 많지 않아서 스스로 공부하고 싶은 욕구가 강했는데, 요즘은 의무교육이고 무조건 공부해야 하니 자기 수양보다는 인정을 위한 공부를 하는 사람이 많은 것 같습니다." 아이의 해석이 재미있습니다.

제가 중학교 2학년 때 부모 학력에 대해서 거수로 조사를 했었는데(지금 생각하면 정말 바람직하지 않은 설문조사였습니다) 딱 한 명의 부모만 대학교를 졸업했었습니다. 아이들 모두 그 아이를 쳐다봤습니다. 그 아이의 어깨가 으쓱 올라가는 게 보였습니다. 부모님의 학창 시절인 1960년대만 해도 원하는 만큼 공부를 하지 못한 분이 많았어요. 학교에서 공부하는 것 자체가 귀했기 때문에 타인의 인정보다 자기 수양 욕구가 높을 수 있지요. 아이의 해석에 공감이 갔습니다.

이 설명도 덧붙였습니다. 《논어》에 쓰인 '요즘' 사람은 거의

2500년 전 사람이라고요. 재밌죠? 그런데 2500년 전 사람을 요즘 사람이라고 해도 전혀 어색함이 없는 책이 고전이라고 알려 줬습니다. 아이들이 신기해합니다.

아이들에게 공부 잘해서 누구에게 가장 인정받고 싶은지 물었습니다. 한 학생이 부모님께 자랑스러운 딸이 되고 싶다고 합니다. 너도나도 그렇답니다. 아이들은 사랑하는 부모님께 가장 먼저 인정받는 아들딸이 되고 싶어 해요.

고전을 읽고 나누면서 아이들 생각을 잘못짚는 경우가 허다하다는 것을 알게 됩니다. 아이를 많이 안다고 생각했는데 말이죠. 오늘 수업에서도 그래요. 왜 공부하냐고 물었을 때 당연히 인정받고 싶어서 공부한다는 아이들이 많을 줄 알았거든요. 예상한 답변은 이런 거예요. '좋은 대학 가려고요.' '돈 많이 벌려고요.' '성공하려고요.' 물론 이렇게 이야기하는 아이들도 있지만 아이들은 '자기 수양을 위한 공부'에도 관심이 많았습니다. 더 놀라운 점은 자기 수양을 위한 공부에서 '교과목'이 상당수를 차지한다는 겁니다. 악기, 그림 그리기, 춤추기, 운동하기 등 운동과 예술 쪽이야 그렇다 치고 국어, 수학, 역사, 과학 등 주지 교과에도 재미를 느끼고 있었습니다. 아이들마다 선호하는 과목이 한두 과목씩뿐이니 전체 학생을 대상으로 수업하는 교사가 체감하기에는 과목마다 선호하는 학생이 적다고 느꼈을 뿐입니다. 아이들 모두가 자기 수양의 기쁨을 주는 과목 하나씩은 마음에 품고 있었습니다.

수양을 위한 공부와 인정받기 위한 공부는 별개가 아닙니다. 이 두 목적은 선순환할 수 있습니다. 다만 수양을 위한 공부보다 다른 사람의 인정에 얽매이는 공부에만 치중하면 과정이 옳지 않을 수 있습니다. 이는 차근차근 단계를 밟지 않고 수박 겉 핥기 식으로 공부하는 걸 말합니다. 다른 사람의 인정과 결과만을 추구하는 행동은 곧 드러나게 되어 있고 결과적으로 도움이 되지 않습니다. 공부에서 본질적으로 가장 중요하게 챙겨야 하는 것이 무엇일지 아이 스스로 생각할 수 있도록 지속해서 대화를 나누어야 합니다.

〚 마음에 깊이 담기 〛

다산 정약용이 아들에게 쓴 편지를 엮은 《아버지의 편지》에 보면 공부할 때 꼭 새겨야 할 것들을 알려줍니다. "공부에 뜻을 둘 때는 마음속에 확고히 해야 할 것이 있으니, 그것은 바로 효도하고 공경하는 마음을 갖는 것이다."

다소 의아합니다. 공부 잘하는 것과 효도하고 공경하는 것은 어떤 상관이 있을까요? 상관이 없어 보이나요? 정약용은 공부의 본질에 관해 이야기합니다. 공부는 잘난 척하려고, 다른 사람보다 앞서려고 하는 것이 아닙니다. 부모님께 잘하고, 형제간에 사이좋게 지내고, 다른 사람을 공경하는 마음이 우선했을 때 학문을 할 준비가 된 것입니다. 이 근본이 바로 서야 공부했을 때 뜻을 바르게 펼치고 세상을 이롭게 할 수 있습니다. 사랑하는 아이에게 공부로 성공하고 출세하는 것보다 정말로 중요한 바가 무엇인지 생각할 수 있도록 이 글귀를 소개해주세요.

왜 책을 읽어야 할까요?

【 오늘의 글귀 】

도에 들어가려면 이치를 궁리해야 하고,
이치를 궁리하려면 책을 읽어야 한다.
왜냐하면 옛 성현들의 마음을 쓴 자취와,
착한 일과 악한 일을 본받고 경계한 일들이
모두 책 속에 있기 때문이다.

　　　　　　　　　—《격몽요결》독서장(讀書章)

《격몽요결》은 율곡 이이가 학문을 시작하는 아이들을 가르치기 위해 저술한 책입니다. 어린이용《격몽요결》을 준비하여 독서장을 같이 읽어보기를 바랍니다. 학문을 처음 배우는 사람들을 위한 책인 만큼 독서 및 생활 습관, 바람직한 공부 자세에 대하여 상세하게 나와 있답니다. 특히 독서장은 독서를 왜 해야 하는지 명확하게 제시하고 있습니다. 이번 글귀를 통해 아이의 독서 경험을 함께 나누는 시간을 가져봅시다.

간혹 책 읽기를 입시나 성적과 연관 지어 교과목처럼 강조하는 부모님이 있습니다. 물론 책 읽기로 다채로운 배경지식과 어휘력을 쌓을 수 있어 교과 성적에 긍정적인 영향을 끼치기도 합니다만 그렇다고 눈에 띌 만큼 직접적인 연관이 있지도 않습니다. 교과 성적은 독서뿐 아니라 학습 방법, 공부 시간, 집중력 등 다양한 요인이 복합적으로 얽혀 있습니다. 책을 많이 읽는다고 공부를 잘하는 것도 아니지요. 책을 많이 읽지만 학습은 안 되는 아이, 책이랑 담쌓았지만 공부는 잘하는 아이를 많이 보았습니다.

책 읽기는 무엇보다 아이의 삶을 풍요롭게 합니다. 책은 심적으로 고민이었던 부분을 해결해주기도 하고 우울할 때 기분

전환도 해주며, 아이 대신 모험도 떠납니다. 옛 성현들의 마음을 쓴 자취를 통해 수양을 강조하는 《격몽요결》과도 일맥상통합니다. 목적과 수단으로 접근하기보다는 아이의 삶을 동행하는 친구로 책을 안내해주세요.

아울러 독서 습관을 들일 수 있는 팁을 알려드릴게요. 아이들은 '책을 꼭 읽어야 한다'는 당위성보다는 분위기에 영향을 받습니다. 교실에서도 책 읽는 분위기가 형성되면 책을 읽지 않던 아이도 책을 읽습니다. 같은 책을 친구와 교사가 모두 함께 읽거나 고학년이라도 앞부분을 읽어주면 아이들이 책에 관심을 가집니다.

제 책상 위에 아이들이 읽을 만한 책을 두고 일부러 보게끔 넘겨봅니다. "이 책 재밌던데 한번 읽어볼 사람!" 하면 서로 가위바위보를 하고 난리가 납니다. 경쟁하며 가져가지요. 힘들게 쟁취했으니까 열심히 읽겠죠? 아마 책꽂이에 꽂아놨으면 1년이 지나도 아무도 관심을 가지지 않았을 겁니다. 가정에서도 부모가 책을 자주 들고 있으면 아이는 무슨 책인지 궁금해 기웃거리며 펼쳐봅니다. 제 딸아이도 비교적 늦게 읽기 독립을 했는데 제가 읽는 책이 무척 궁금했나 봐요. 반 아이들에게 소개하려고 읽고 있던 장편 동화책을 뺏어서 읽더라고요. 이렇게 하면 한글 떼기보다 손쉽게 글밥이 많은 책으로 넘어갈 수 있습니다. 가정에서도 아이의 책을 부모가 함께 읽으면 아이가 참 좋아합니다. 책 읽는 분위기를 형성해서 독서를 간접적으로 독려해보세요. 아이들은 자연스럽게 따라옵니다.

1. 글에 담겨 있는 독서의 장점 두 가지는 무엇인가요?
2. 책을 통해 도움을 받았던 경험이 있나요?
3. 책을 왜 읽나요?
4. 가장 좋아하는 책을 소개해봅시다.

율곡 이이가 말하는 독서의 이유는 재미보다는 행동을 고치거나 삶을 변화시킬 수 있는 부분을 강조하고 있습니다. 그는 글(책) 속에 다음과 같은 것이 있다고 합니다.

첫 번째는 '마음을 쓴 자취'입니다. 마음을 쓴 자취란 무엇일까요? 글에는 여러 사람의 삶이 담겨 있습니다. 그들의 삶은 여러 감정을 내포하고 있습니다. 인물이 감정을 어떻게 해결하고 극복해갔는지 그 과정을 엿볼 수 있습니다. 반 아이가 《안네의 일기》를 읽으며 밤새도록 울었다는 이야기를 들었습니다. 다음 날 아이의 독서 노트를 보니 같은 또래의 여자아이인 안네에 대한 마음이 여실히 전해졌습니다. 아이가 책을 읽으며 울고 웃는 것은 주인공의 일이 마치 자기 일처럼 느껴지기 때문입니다. 주인공이 겪는 상황을 함께 겪으면서 다른 사람의 처지를 생각해볼 수 있는 공감 능력 또한 책을 통해 기를 수 있습니다.

두 번째는 '착한 일을 본받고 악한 일을 경계'하는 것입니다. 아이에게 전래 동화와 《탈무드》를 읽어주면 재미있는 광경을 볼 수 있습니다. 모두 착한 사람의 편을 들면서 악한 사람에게 한 소리씩 합니다. 어릴수록 더 그럽니다. 알게 모르게 책을 통해 선한 행동을 배우고 악한 일을 경계합니다. 책을 통해 얻은 간접경험은 아이가 올바른 행동을 선택하는 지침이 됩니다.

《격몽요결》에서 독서의 내적인 장점을 충분히 나누었다면 독서의 외적인 장점도 함께 소개합니다. 아이들도 관심이 많은 부분입니다. 독서는 뇌를 발달시킵니다. 독서하는 뇌와 게임 하는 뇌 사진을 비교해서 보여주세요. 뇌가 활성화되는 부위부터 다릅니다. 게임을 하면 시각 부분을 담당하는 후두엽만 자극받지만 책을 읽을 때는 전두엽, 두정엽, 측두엽, 후두엽이 동시다발적으로 반응합니다. 책의 내용을 이해하고 배경지식을 연결하며 상상하고, 작가의 감정에 같이 동요하면서 복합적인 뇌 활동이 일어나지요. 꾸준한 독서를 통해 '책 읽는 뇌'가 세팅되고 나면 책에서 주는 정보와 자극을 더 빠른 속도로 이해할 수 있습니다. 한마디로 머리가 좋아지는 거예요. 《격몽요결》 글귀를 시작으로 아이들과 책을 왜 읽어야 하는지 내적인 부분, 외적인 부분을 나누어 살펴보는 시간을 가져봅시다.

〖 마음에 깊이 담기 〗

주인공을 통해 행복한 책 읽기를 여실히 느낄 수 있는 책을 소개해드릴게요. 책 읽으라고 백 번 얘기하는 것보다 책을 좋아하는 주인공과 교감을 하게 되면 자연스럽게 책을 찾아 읽을 거예요.

1. 유은실의 장편 동화 《나의 린드그렌 선생님》의 주인공 비읍이는 아스트리드 린드그렌의 책을 읽으며 책 읽는 재미에 푹 빠집니다.

2. 로알드 달의 장편 동화 《마틸다》에서 마틸다는 자타 공

인 독서광이에요. 다섯 살에 고전을 모두 섭렵해버린 비범한 소녀지요. 사서 선생님도 마틸다의 독서량을 보고 깜짝 놀란답니다.

3. 진 웹스터의 장편 동화 《키다리 아저씨》 속 주디 또한 아저씨에게 보내는 편지 속에 즐겨 읽는 책들을 잔뜩 써두었답니다. 밤에는 공부보다 책 읽기라면서요!

목적을 이루어야만 성공한 삶일까요?

도를 지향해 노력하는 것은 비유하자면 우물을 파는 것과 같다. 우물을 아홉 길이나 팠더라도 샘물이 솟아나는 데까지 도달하지 못했으면 우물을 포기한 것이나 마찬가지이다.

—《맹자》진심(盡心) 상

《맹자》에는 우물이 나오는 두 가지 유명한 이야기가 있습니다. 하나는 어린아이가 우물에 빠지는 모습을 보면 누구든지 달려가 구하려 한다는 내용입니다. 성선설을 주장하는 맹자의 대표적인 글입니다. 다른 하나의 이야기는 바로 오늘의 글귀입니다. 유명한 속담 하나가 생각나지요? "한 우물만 파라."

이루고 싶은 목표를 빨리 효율적으로 달성하는 방법은 한 가지에 집중하는 것입니다. 맹자는 이것저것 일을 벌이는 것보다 한 가지 일에 묵직하게 집중하라고 말합니다. 김도윤 작가는 《럭키》에서 열심히 사는데 효과가 더딘 사람들의 일상을 분석했습니다. 그들은 악기도 배우고, 영어도 하고, 운동도 하며 여러 성과를 내기 위해 노력합니다. 그런데 어느 분야에도 효과가 없습니다. 효과가 나려면 일정 시간 집중해서 시간을 쏟아야 하기 때문이죠.

그런데 한 우물만 파고 하나에만 집중하는 것이 꼭 옳은 삶일까요? 혹자는 한 우물을 파되 우물이 나올 곳을 제대로 알고 파라고 합니다. 또는 한 우물을 파다가 아닌 것 같으면 얼른 다른 우물로 옮길 줄 아는 것도 능력이라고 합니다. 하나에만 집중하지 않고 다양한 분야를 아우르며 두각을 나타내는 사람도 있습니다. 무심결에 뿌려두었던 여러 점을 연결하면 선이 되듯이 취미로 했던 일들이 중요한 일을 해결하려고 할 때 결정적인 역할을 하기도 합니다. 생각의 방향에 따라 여러 답이 나올 수 있습니다.

여기에서 먼저 아이와 함께 '목표'와 '목적'을 구분하고 시작하면 이야기하기가 쉽습니다. 목표는 '단기적'이고, 목적은 '장기적'이며 '가치 지향적'입니다. 우리는 오늘 하루의 목표도 있고, 10년 뒤, 30년 뒤를 넘어 평생 갖고 사는 삶의 목적도 있습니다. 이를 구분 짓다 보면 한 우물을 팔지, 여러 우물을 팔지, 그리고 단기간에 팔지, 오랫동안 팔지 답이 나옵니다.

또한 목적을 이루는 것만이 옳은 삶인지를 생각해보는 것도 중요합니다. 앞뒤 보지 않고 맹목적으로 자신의 이익과 목적을 좇는 사람이 있습니다. 이들은 행복할까요? 원하는 바를 이루는 방법도 고려해보아야 합니다. '우물'을 소재로 아이와 미래의 이야기를 풍성하게 나누면 좋겠습니다.

〖 아이와 나눌 질문 〗

1. 이루고 싶은 목표가 있다면 한 가지 써봅시다. (하루, 1년,

단기, 장기 목표)

2. 목표를 빠르게 이루기 위해서는 어떻게 하면 좋을까요?

3. 목표를 어떤 방법으로 이루고 싶은지 이야기해봅시다.

4. 흥미 있는 관심거리를 써봅시다. 나의 목표와 연결되는 부분이 있나요?

5. 목적을 이루어야만 성공한 삶일까요?

〔 친구들은 이렇게 생각했어요 〕

이번 《맹자》의 글귀는 직관적이라 해석하기 어렵지 않았습니다. '한곳만 파다 보면 끝이 있을 것이다' '끝까지 가지 못했으면 될 때까지 해야 한다' 등 한 가지를 진득하게 오래 해야 결과를 맛본다고 이야기합니다.

이번 아이들과의 대화는 5번 질문인, '목적을 이루어야만 성공한 삶일까요?'에 집중했습니다. 맥 바넷의 그림책 《샘과 데이브가 땅을 팠어요》를 읽어주었습니다. 샘과 데이브는 땅 밑에 묻혀 있는 '어마어마하게 멋진 것'을 찾기 위해 땅을 팝니다. 《맹자》의 우물 파는 이야기와 비슷합니다. 맹자처럼 한 우물만 깊게 파면 되는데 샘과 데이브는 땅 파는 방향을 자꾸 바꿉니다. 결국 보석 주위만 실컷 팝니다. 보는 독자는 답답합니다. 샘과 데이브가 보석을 못 찾았으니까요. 보석을 찾지 못한 상황은, 우리가 목표한 바를 이루지 못한 것과 비슷합니다. 아이들에게 질문을 해봅니다. "노력했는데 원하는 목적을 이루지 못했어요. 나에게 의미가 있을까요?" 아이들의 의견이 분분합니다. 의미가 있다고 하는 아이들은 지금 당장은 보석(목적)을 찾지 못했지만 언젠가는 찾을 수 있을 거랍니다. 목적을 이루지 못했다는 것은 반대로 목적을 다시 수정하는 계기가 되기 때문에 다시 도전하면 된다고 합니다. 한 아이가 아주 재미있는 예시를 들었어요(자녀에게도 비유를 활용해 자주 표현해주세요. 아이들은 더 재밌는 비유로 답을 한답니다).

"선생님 제가 마라탕을 먹으려고 열심히 걸어갔는데 마라탕 집이 문을 닫은 거예요. 어쩔 수 없이 터덜터덜 집으로 오다가 문구점에도 가고, 다이소에도 들러서 이것저것 샀어요. 그리고 집에 왔는데 '오늘도 나쁘지 않았다' 싶은 거예요. 마라탕은 못 먹었지만 또 다른 즐거움을 얻었잖아요. 원하는 목적을 이루지 못했어도 아무것도 안 한 것은 아니기 때문에 나쁘게 볼 필요는 없다고 생각해요." 다른 여학생이 말합니다. "맞아요, 선생님. 실패도 하나의 경험이에요. 목적의 문은 여러 가지예요. 실패는 목적을 위해 한 발짝 내디딘 거라고 볼 수 있어요."

반대로 목적을 이루어야만 의미가 있다고 하는 친구들도 이야기를 시작합니다. "목적을 이루려고 했는데 이루지 못했다면 그것은 시간 낭비라고 생각합니다. 결론적으로 아무런 결과가 없었으니까요." "그래도 과정이 의미 있었잖아?" 맨 처음 말했던 아이가 볼멘소리로 받아칩니다. 듣고 있던 다른 남학생이 말합니다. "과정이 중요한 건 맞습니다. 그런데 과정의 가치를 어떻게 증명하죠? 과정이 의미 있었다고 말하려면 결과가 나와야 합니다. 우리는 과정을 끝내기 위해서 목적을 이루는 겁니다. 하다못해 작은 성과라도 결과를 내는 게 맞습니다."

양측 모두 논리적입니다. 아이들이 이 정도로 말을 잘할 줄은 몰랐습니다. 고전을 읽고 나면 단 한 줄의 질문만으로도 깊이 있게 이야기할 수 있습니다. 위의 질문을 참고하여 아이와 좀 더 집중적으로 나누고 싶은 내용을 이야기해보세요.

【 마음에 깊이 담기 】

삶의 목적과 방향성에 대해 생각해볼 수 있는 유타 바우어의 그림책 《예뻬의 심부름 가는 길》을 소개합니다. 그림책이 흔히 가진 기본 플롯과 달라서 몇 번이나 앞장을 넘겨봤습니다. 처음엔 이상했는데 곰곰이 씹어보면 잔잔한 생각들이 물결치듯 밀려옵니다. 예페는 심부름을 하러 갑니다. 그런데 목적지에 도착하지 못합니다. 한참을 갔는데 잘못된 길을 가게 되죠. 결과만 봤을 때는 엉뚱한 길로 갔지만 그 사이에는 많은 사람과의 추억이 있습니다. 예페의 이야기를 통해 삶의 목적과 방향성, 그리고 그 과정에 대해 함께 이야기 나누어도 좋겠습니다.

어떻게 하면 계획을 잘 실천할 수 있나요?

일생의 계획은 어릴 때 있고 1년의 계획은 봄에 있으며 하루
의 계획은 새벽에 있다. 어릴 때 공부하지 않으면 늙어서 아
는 것이 없고 봄에 밭 갈지 않으면 가을에 추수할 것이 없으
며 새벽에 일어나지 않으면 그 날에 할 일을 하지 못한다.

—《명심보감》 제13편 입교(立敎)

이번 글귀는 계획과 공부의 결정적 시기에 관해 이야기하고 있습니다. 특히 어린 시절은 성인에 비해 중요한 시기입니다. 언어 습득도 그렇고 인생의 중요한 결정과 진로가 인생의 초반기에 결정되기 때문입니다. 물론 요즘은 여러 직업을 동시에 가질 수도 있고 어른이 되어서도 새롭게 공부하여 다양한 길을 찾을 수도 있지만, 그렇다고 어린 시절이 중요하지 않은 것은 아닙니다. 어릴 때의 포부와 전공, 적성, 진로는 중요합니다.

어찌 보면 아이가 어릴 때부터 이것저것 시키고 싶은 부모의 마음이 이 글귀와 밀접한 관련이 있네요. 한 살이라도 어릴 때 시작하면 다른 아이들보다 조금 더 수월할 테니까요. 《명심보감》의 글귀를 아이와 찬찬히 읽어봅시다. 미리 공부 좀 하라며 조급한 마음으로 아이를 채근하기보다는 다른 방식으로 접근하면 어떨까요? 저는 이 글이 어리고 중요한 시기에 스스로 하고 싶은 일을 후회 없이 실컷 경험하라는 이야기로 보입니다. 다른 사람에 의한, 성공을 위한, 부모를 위한 계획을 어릴 때부터 일찍 세우고 공부하는 것이 아니라 나를 위한 일생의 계획을 어릴 때, 봄에, 새벽에 세우는 겁니다. 흘러가는 일상 속에서 자신을 위한 계획은 하루라도 일찍 세울수록 소소한 기쁨과 보람이 많습니다.

어릴 때는 원하는 일을 해볼 시간이 비교적 많습니다. 아이를 낳고 보니, 하고 싶은 게 생겨도 시간을 내기가 여의치 않습니다. 챙겨야 할 일이 많거든요. 그렇다고 나를 챙기자니 아이들에게 소홀한 것 같아 마음이 편하지 않죠.

《명심보감》의 글처럼 아이가 이루고 싶은 일이 있다면 계획을 일찍 세울수록 좋습니다. 수정하고 변경할 시간이 상대적으로 많기 때문입니다. 아이에게 목표하는 바를 어릴 때부터 생각하고 실천할 수 있도록 계획하는 방법을 알려줍시다. 우리 반은 '뿌듯해 노트'라고 해서 하루에 해야 하는 생활 계획을 아침에 세웁니다. 학기 초에 꼭 이루고 싶은 목표를 세우고 매일 실천할 것을 계획하고 체크하는 것이죠. 일종의 점검표입니다. 학습과 관련되지 않아도 좋습니다. 하고 싶은 일이 무엇이든 써봅니다. 연초에, 학기 초에, 아침에, 계획하고 기록하면 이루든 못 이루든 자기 생활의 자취를 살펴볼 수 있습니다. 아이들의 생활 습관 형성에 도움도 되고요.

1. 올해 꼭 이루고 싶은 일이 있나요?
2. 구체적인 실천 방법을 계획해봅시다.
3. 함께하면 실천이 쉽습니다. 부모님과 함께 해볼까요?

【 친구들은 이렇게 생각했어요 】

뿌듯해 노트를 쓰는 방법은 이렇습니다. 교사로서 욕심 하나는 부렸어요. 매일 필수로 넣어야 하는 항목은 '독서 30분'입니다. 독서 30분을 어느 시간에 할지도 구체적으로 정합니다. 현재 읽고 있는 책을 써넣으면 더 좋지요. 아래에는 감사 일기를 짧게 씁니다. 그리고 나서 아이가 스스로 하고 싶은 일을 정합니다.

뿌듯해 노트를 지도하다 보면 아이들마다 성향 차이가 확연히 드러납니다. 선생님이 쓰라고 하니까 독서 30분이라고 간신히 한 줄 쓰고 끝내는 아이들도 있는 반면에, '저녁 양치하기' 항목까지 만든 아이도 있었습니다. 꼼꼼하게 쓴 뿌듯해 노트를 보면 아이가 하루를 어떻게 살았는지 눈에 훤히 보일 정도입니다. 노트에 한 줄을 썼든 열 줄을 썼든 1년이 지나니 노트 한 권이 거뜬히 넘어갑니다.

최근에 성명진의 동시 〈시월〉을 함께 읽고 나누었습니다. 열 달 동안 나비, 나뭇가지, 돌, 호박 등 자연물들이 이룬 일들을 칭찬해주는 시입니다. 시를 읽고는 넌지시 물었습니다. 올 한 해 가장 잘 이룬 것이 무엇이냐고요. 아이들의 대답을 들어보니 뿌듯해 노트를 쓰며 정했던 목표 이야기가 가장 많았습니다. 뿌듯해 노트를 쓴 일 자체를 이루었다고 말하는 아이도 있었습니다. 후기를 잠깐 나누었는데요. 한 아이는 뿌듯해 노트 덕분에 매일 6시 30분에 일어날 수 있었답니다. 일찍 일어나는 팁을 물어보니 알람을 멀리 두고 자는 것이랍니다. 그럼 알람을 끄기 위해서 무조건 일어나야 하니 잠이 잘 깼다고 하더라고요. 어떤 친구는 물 여섯 컵 먹기를 계획했습니다. 노트에 매일 딱 한 줄을 썼지만 꾸준히 실천했습니다.

작게라도 계획하고 실천하는 과정에서 아이들의 자기 효능감이 자랍니다. 자기 효능감은 주어진 과제나 일을 성공적으로 할 수 있다는 자기 능력에 대한 믿음입니다. 자기 효능감이 높아지면 새로운 과제를 집중해서 실천할 수 있어 성취 수준이 높아집니다. 이에 따라 성공 확률이 높아지고 자신감이 생깁니다. 선순환을 하는 거죠. 아이가 성공의 경험을 많이 하도록 작은 실천 거리를 정하고 함께 도전해봅시다.

  '채움'도 중요하지만 '비움'도 중요합니다. 《도덕경》 제48장에서는 "버리고 또 버려라. 아무것도 하지 않는 무위의 경지에 이를 때까지 줄여라! 아무것도 하지 않지만 이루어지지 않는 것이 없으니!"라고 합니다. 악기도 비어 있는 공간이 있어야 아름다운 소리를 내지요. 계획으로 가득 찬 삶도 중요하지만, 실천 리스트에서 빼야 할 항목이 있는지도 생각합시다. '아무것도 하지 않지만 이루어지지 않는 것은 없다'라는 말은 무리하지 않아도 자연스럽게 이루어진다는 뜻입니다. 과도한 욕심으로 하지 않아도 되는데 하는 것이 있는지 살펴보고 버릴 것은 버립시다. 아이들에게 《도덕경》의 지혜를 알려주세요. 비울수록 새로운 것을 시작할 수 있는 마음의 여유가 생깁니다.

3장   감정을 잘 다루는 아이

화가 나서 참을 수가 없어요

✳

군주는 분노에 사로잡혀 군사를 일으켜서는 안 되며, 장수는 성난다고 해서 전투해서는 안 된다. 상황이 유리하면 움직이고 유리하지 않으면 멈춰야 한다. 분노는 다시 즐거움이 될 수 있고 격분은 다시 기쁨이 될 수 있지만, 나라가 망하면 다시 일어설 수 없으며 죽은 사람은 다시 살릴 수 없다. 그러므로 훌륭한 군주는 이를 삼가고 훌륭한 장수는 이를 경계한다. 이 것이 나라를 안전하게 하고 군사를 보전하는 길이다.

—《손자병법》제12편 화공(火攻)

《손자병법》은 춘추전국시대, 제후 간의 치열한 전쟁을 직접 겪은 손자가 다양한 실례와 역사적 기록, 실제 경험을 바탕으로 집대성한 병법서로 동서고금을 막론한 최고의 군사 고전입니다. 《손자병법》에서는 직접 맞서 싸우는 것보다 싸우지 않고 적을 이기는 것의 중요성을 강조합니다. 이번 글귀에서도 손무의 그러한 생각이 엿보입니다. 찬찬히 읽어보니 절로 고개가 끄덕여집니다.

전쟁을 하다 보면 장수의 뜻대로 일이 이루어지지 않는 경우가 있습니다. 급습당할 때도 있고, 한순간에 수많은 군사를 잃을 때도 있을 겁니다. 그럴 때 손무는 감정적으로 일을 처리하지 말라고 말합니다. 격분해서 앞뒤 가리지 않고 공격을 명령하는 것을 경계합니다. '화'라는 감정은 시간이 지나면 가라앉습니다. 상황이 지나면 웃을 일도 생깁니다. 하지만 화가 나서 섣불리 한 행동들은 돌이킬 수 없는 결과를 낳습니다.

이번 글귀를 통해 아이와 함께 화에 대하여 이야기를 나누어봅시다. 아이에게 '칠천량 해전' 이야기를 들려주세요. 칠천량 해전은 임진왜란과 정유재란을 통틀어 조선 수군이 유일하게 패했던 해전입니다. 이순신 장군이 무리하게 출전하라는 선조의 명령을 거부하여 백의종군하자 원균이 뒤를 이어 삼도 수군통제사에 오릅니다. 평소 이순신을 싫어했던 원균은 자기 능력을 보여주고 싶어 합니다. 그는 이순신과 달리 부산으로 가서 왜군을 단번에 무찌를 수 있다고 큰소리쳤지요. 그런데 삼도 수군통제사가 되고 보니 이순신의 말대로 적을 공격하기에는 무리가 있었습니다. 하지만 임금과 조정은 크게 화를 냅니다. 특별한 전과를 이루지 못하기에 당시 도원수 권율은 원균에게 곤장을 칩니다. 이에 원균은 제 성질을 이기지 못하고 홧김에 전 함대를 출전시킵니다. 《손자병법》의 글귀에서 경계하던 일이 일어난 거죠. 결국 칠천량 해전으로 군사 400여 명과 뛰어난 수군 장수들이 대부분 전사하고 원균도 전사합니다. 경상우수사 배설 장군만이 12척의 전선을 이끌고 남해로 후퇴합니다. 이 전투로 삼도 수군은 모두 무너지고 맙니다.

병법뿐이겠습니까. 화가 났을 때 했던 말들이 옳지 못했다면 후회가 밀려옵니다. 아이를 키우다 보면 감정을 조절하기 어려운 순간들이 있습니다. 그때마다 떠올려야 하는 글귀입니다. 아이와 함께 화를 조절해야 하는 이유에 대해서 생각해봅시다.

1. 화가 날 때 어떻게 행동하나요?
2. 화를 내고 후회한 적이 있나요?
3. 올바르게 화를 내는 방법을 생각해볼까요?

【 친구들은 이렇게 생각했어요 】

  화는 갈등 관계에서 오는 경우가 많습니다. 아이들도 마찬가지입니다. 형제자매와 친구 사이에서 한 번쯤은 치고받고 싸운 경험이 있을 겁니다. 형이랑 싸우다가 형의 안경이 날아갔는데 미안함보다는 묘하게 속이 시원했다고 말합니다. 붕어빵을 아껴서 먹고 있는데 오빠가 한 입만 달래서 줬더니 통째로 꿀꺽 삼켜버렸답니다. 화가 치밀어서 오빠의 머리를 치고야 말았다네요. 아이들의 이야기를 들어보면 화나는 상황이 이해됩니다. 욱하고 화가 날 때는 앞뒤에 아무것도 보이지 않을 때가 있지요. 다만 때리거나 주먹다짐으로 갈등을 풀면 상대방이 다치거나 피해를 볼 수 있습니다. 순간의 화로 누군가를 상처 입혔다면 미안함과 후회가 남을 겁니다. 그렇다고 화를 오래 참아도 안 됩니다. 화를 안으로만 삭이면 우울증이 오기도 하고 몸이 아플 수도 있습니다. 화가 나는 상황은 언제나 있기 마련이니, 화를 풀어나가는 방법이 중요하지요. 그럼 어떻게 화를 내는 것이 중요할까요? 아이들이 다양한 의견을 냅니다. 주먹으로 베개를 친다, 종이를 찢어버린다, 화가 풀릴 때까지 피아노를 친다, 노래를 듣는다 등이 있습니다. 아이들의 발표처럼 극단적으로 화가 치밀어 오를 때는 다른 곳에서 안전하게 화를 표출하는 것도 좋은 방법입니다. 그런데 화가 나는 근본적인 원인을 해결하지 않으면 화는 계속해서 발생할 수밖에 없습니다. 근원적인 해결책이 필요합니다.

학교에서는 갈등으로 인한 충돌이 잦습니다. 모둠 활동, 짝 활동, 게임 활동, 단체 활동 등 친구들이 모여 다양한 경험을 하기 때문입니다. 친구를 툭 치거나 폭력으로 화를 푸는 친구도 있고, 교사나 부모에게 이르는 방식으로 화를 달래는 아이도 많습니다. "선생님 쟤가 자꾸 필통으로 제 책상을 쳐요! 너무 시끄러워서 짜증 나요"라는 말에 교사가 해줄 일은 별로 없습니다. "아 그랬어?" 하고 말해주면 아이는 화가 풀렸는지 금방 들어갑니다. 그런데 이런 일들이 계속 반복되면 직접 갈등을 풀어 원만한 관계를 맺기보다는 교사나 부모를 방패 삼아 해결하려고 하게 됩니다. 아이들은 화가 날 때 뭘 어떻게 해야 할지 모르는 경우가 많습니다. 한번 짚어서 이야기해주면 좋습니다. 마침 다음 시간이 도덕 시간이라 친구 간의 갈등 상황에서 화가 날 때 지혜롭게 해결하는 방법을 소개했습니다. '켈소의 선택(Kelso's Choice)'은 학생들이 갈등 상황에서 긍정적인 선택을 할 수 있도록 도와주는 갈등 관리 시스템입니다. 국제 학교나 외국인 학교 주니어 스쿨에서 많이 사용하는 방법인데요. 화가 나거나 좌절, 분노, 속상한 상황에 직면했을 때 아홉 가지의 선택지 중 두 가지를 선택하도록 권장합니다.

아홉 가지의 선택지는 멈추고 감정 식히기, 대화하기, 그만하라고 말하기, 사과하기, 다른 놀이 하기, 그 친구가 없는 곳으로 가기, 친구와 협의해서 타협점을 찾기, 무시하기, 차례대로 하기가 있습니다. 모든 갈등 해결의 기본 전제는 '대화로 푼다'입니다. 공격적인 아이일수록 대화가 잘 안되는 경우가 많습니다. 친구가 하는 장난이 기분 나쁠 때는 간단하고 명료하게 자신의 기분과 상황을 상대방에게 전할 수 있어야 합니다. 상대의 눈을 바로 보며 그만하라고 얘기합니다. '내 책상에 대고 필통을 그만 쳤으면 좋겠어.' 친구의 말에 자신이 잘못했으면 바로 사과하는 상대 친구의 태도도 필요하지요. 그 외의 놀이나 게임 중의 의견 충돌로 인한 갈등일 때는 다른 놀이를 하거나 친구와 협의하여 풀도록 하고, 상대 친구와 너무 안 맞을 때는 거리를 두는 방법도 있습니다. 아이와 함께 '켈소의 선택' 중에서 상황에 적합한 방법을 두세 가지 골라 화를 올바르게 표출하고 해결하는 방법을 알아봅시다.

〖 마음에 깊이 담기 〗

니콜 카르도자의 《오늘부터 마음챙김!》은 현재 자신의 마음을 알아차리고 감정을 조절하는 방법을 소개합니다. '마음챙김'은 현재 나의 마음 상태가 어떤지를 살펴보고 지금 내 안에서 일어나는 감정을 어떻게 조절하면 좋을지 생각해보는 것입니다. 아이가 화가 났을 때, 어떤 방식으로 마음을 가라앉히면 좋은지 지도할 때 활용하면 좋습니다. 평소에 아이와 한 장 한 장 넘겨보며 마음에 드는 운동이나 자세를 찾아보고 실천으로 연결 지을 수 있도록 합시다. 마음을 들여다본다고 고민이 사라지는 건 아니지만 문제 상황을 객관적으로 보고 아이의 마음을 편안하게 할 수 있도록 도와줍니다.

왜 착하게 살아야 하나요?

[오늘의 글귀]

착한 일은 아무리 작아도 반드시 해야 하고

나쁜 일은 아무리 작아도 결코 해서는 안 된다.

—《명심보감》제1편 계선(繼善)

[이렇게 접근하세요]

착하게 살면 흔히 호구가 된다고 합니다. 다른 사람에게 휘

둘리고 남을 챙기다가 정작 자기를 챙기지 못하는 실속 없는 사람이라 치부합니다. 아이들 사이에서도 그런 일이 비일비재합니다. 아이들과 생활하다 보면 갈수록 더 심해집니다. "나만 잘하면 됐지, 왜 남까지 신경 써야 해요?" 교실 청소를 하다가 자기 자리 밑을 정리 정돈하라고 하면 이내 싸움이 벌어집니다. 책상과 책상 사이에 애매하게 떨어진 쓰레기를 누가 주워야 하느냐로 논쟁이 분분합니다. 결국 사이에 있는 쓰레기를 주운 친구가 큰 손해를 본 양 입이 쑥 나옵니다. 청소는 작게 보면 자기 자리 밑을 청소하는 거지만 크게 보면 우리 반 전체를 깨끗하게 하는 일입니다. 교실이 깨끗해지면 모두가 쾌적한 환경에서 공부할 수 있습니다. 우리 반에 속한 아이 누구나 그 혜택을 누리는 것입니다. 내가 먼저 착한 행동을 하고 친구를 배려하면 다음에는 다른 친구가 하면 됩니다. 서로 번갈아가며 도우면 서로가 좋습니다.

착한 일은 남을 위해서가 아니라 자신을 위하는 일입니다. 아이에게 최근에 한 착한 일이 무엇인지 물어보고, 그때의 기분이 어땠는지도 얘기해봅시다. 아이가 '나는 손해 보고 살기 싫다' '착한 행동은 무익하다'라고 이야기한다면 이 이야기를 꼭 들려주세요.

기시미 이치로와 고가 후미타케의 베스트셀러《미움받을 용

기》에 보면 우리 인생의 길잡이별을 소개하고 있습니다. 이 길
잡이별을 따라가다 보면 행복이 기다리고 있다고 하죠. 이 길
잡이별은 뭘까요? 어떤 별을 따라가면 행복이라는 절대적 이
상향이 있을까요? 아이에게 물어봅시다. 작가는 '타자 공헌'이
라고 답합니다. '타자 공헌'은 남을 위해 무엇을 할 수 있는지를
생각하고 실천하는 것입니다. 다른 사람에게 공헌하는 것이 행
복과 무슨 상관인가 싶어 어리둥절할지도 모릅니다. 아들러 심
리학에 따르면 인간은 자기가 가치가 있다고 느낄 때만 행복감
을 느낀다고 합니다. 다른 사람의 평가가 아니라 스스로 다른
사람에게 공헌하고 있다고 느끼는 게 중요합니다. 다른 사람에
게 인정받기 위해 억지로 공헌하는 것과는 다릅니다. 스스로
생각했을 때 누군가에게 자신이 도움이 되고 기여하는 경험은
아이의 가슴에 반짝이는 별을 심어줍니다. 오래도록 마음속에
서 빛이 나죠. 우리의 직업과 하는 일, 목표도 가만히 들여다보
면 타인에게 기여하는 바가 있을 때 더욱 설렙니다. 결국 다른
사람을 위한 착한 행동이 나의 행복을 가져다주는 인생의 북극
성인 겁니다. 아이들이 당장은 이해하기 어려워하더라도 언젠
가 반드시 '바로 이거구나!'라고 느끼는 순간이 오리라 생각합
니다.

다시 교실로 돌아와볼까요. 아이들에게 착한 일에 관해 물

으면 '어려운 상황의 친구 도와주기'와 같이 추상적으로 답하곤 합니다. '착한 일'의 범위를 좁혀봅시다. 지금 바로 실천할 수 있는 착한 일을 찾아보는 거예요. 인사 잘하기, 자기 자리 정돈하기, 부모님이 식사 준비할 때 수저 놓기 등 여러 가지가 있겠죠. 반대로 나쁜 일에 대해서도 생각해봐요. 큰 나쁜 일을 저지르는 학생은 거의 없습니다. 하지만 작은 나쁜 일을 한 번도 저지르지 않은 학생도 없죠. 사소하다고 무심결에 행동했던 모습을 돌아보고 고칠 수 있는 방향도 생각해봅시다.

〖 아이와 나눌 질문 〗

1. 최근에 한 착한 행동은 무엇인가요? 그때의 기분은 어땠나요?

2. 착하게 사는 것이 손해 보는 일일까요? 착한 행동은 왜 해야 할까요?

3. 바로 실천할 수 있는 작은 착한 행동을 생각해봅시다.

4. 무심결에 하는 작은 나쁜 행동들에는 무엇이 있나요? 어떻게 고치면 좋을까요?

아이들에게 물었습니다. "얘들아, 왜 착하게 살아야 할까?" 한 아이가 말합니다. "선생님, 착하게 살면 나만 피해자가 되는 거 아니에요?" 아이의 이야기에 다소 충격을 받았습니다. 아이들과 착함을 주제로 이야기를 나눌 때는 착함의 의미를 정확하게 짚어야 합니다. 아이들은 '착하다'를 '다른 사람이 원하는 대로 다 해주는 사람'이라고 생각하는 경우가 많습니다. 아이들에게 몇 가지 상황을 예로 들어주었습니다. '친구가 특별한 이유 없이 반복해서 돈을 빌려달라고 했을 때, 계속 빌려주는 사람은 착한 사람일까?' '친구가 나를 부당하게 괴롭히는데도 아무렇지 않은 것처럼 참는 사람은 착한 사람일까?' 구체적으로 질문하니 아이들은 아니라고 답합니다.

'착하다'를 국어사전에서 찾아보면 '마음씨가 곱고 바르다'입니다. '바르다'라는 말에 주목해볼까요? 자신이 피해를 보는데도 다른 사람의 입장을 먼저 생각하는 것은 바른 행동이 아닙니다. 즉, 착함의 의미에서 벗어나는 행동입니다. 그럼 마음씨가 곱고 바른, 이른바 착한 사람은 어떤 사람일까요? 아이들에게 다시 질문을 합니다. 주변의 착한 친구들을 떠올려보자고요. 아이들에게 착한 사람은 '다른 사람의 생각을 존중하는 사람, 게임 진행이 자기 생각대로 안 되더라도 재촉하지 않고 기다려주는 사람, 친구가 실수해도 이해해주는 사람, 자신의 권리를 당당하게 주장하는 사람'이라고 말합니다.

그럼 이제 본격적인 질문을 다시 합니다. "우리는 왜 착하게 살아야 할까?" 아이들은 착하게 살지 않으면 나중에 뒷감당하기가 어렵다고 합니다. 아무래도 여러 매체를 통해 유명 아이돌이 학교 폭력 등으로 논쟁거리가 되는 경우를 많이 보았나 봅니다. 또 착하게 살아야 평판이나 이미지가 좋고 사회생활을 잘할 수 있기 때문이라고 합니다. 한 아이는 착하게 살면 마음이 편안하고 기분도 좋아진다고 말합니다. 착한 행동을 해서 기분이 좋았던 적이 있는지 물어보니 꽤 많이 손을 듭니다. 오빠가 팔을 다쳐서 물을 떠다 주었을 때, 통학 버스 기사님에게 길을 알려주었을 때, 엄마가 바쁠 때 집안일을 도와주었을 때 환하게 웃는 상대의 모습을 보니 좋았다고 해요.

반대로 착한 사람이 곁에 있을 때의 경험도 물었어요. 그네에서 떨어졌는데 친구가 괜찮냐고 걱정해줬을 때, 우울했는데 친구가 와서 말을 걸어주었을 때, 잘못을 했는데 친구가 아무 일 없던 것처럼 넘어가주었을 때 고마웠다고 합니다. 이처럼 착한 행동은 당사자도, 곁에 있는 사람도 모두 행복하게 해줍니다.

아이들에게 애덤 그랜트의 책《기브 앤 테이크》에 나오는 '성공한 기버'를 소개하며 이야기를 마무리합니다. 기버는 주는 사람입니다. 다 주면 손해 보는 거 아닌가 싶지만 그렇지 않습니다. '성공한 기버'는 자신과 상대가 모두 행복한 방법을 고민합니다. 자신의 이익만 챙기거나, 상대의 이익을 챙기느라 자신을 소홀히 하는 것이 아니라 서로의 이익을 함께 추구하는 거죠. '성공한 기버'는 주변에 선한 영향력을 미치기 때문에 좋은 사람이 모이고 더 큰 부자가 된다고 합니다. 착한 마음으로 하는 행동은 나와 주변을 밝게 만듭니다. 이번 글귀를 통해 착한 사람이 손해라는 생각을 바꿀 수 있는 시간을 가졌습니다. 우리 아이들이 곱고 올바른 마음을 가진 착한 사람으로 무럭무럭 자라기를 바랍니다.

【 마음에 깊이 담기 】

나만 챙기고 나 좋은 것만 생각하고 나만 잘되면 된다는 생각은 상황이 좋을 때는 아무렇지 않습니다. 그런데 상황은 시시각각 바뀌지요. 다른 사람의 도움이 필요할 때 다른 사람이 그렇게 생각한다면 얼마나 속상할까요.《중용》제13장에서도 이를 경계하고 있습니다. "자기 자신의 마음을 미루어 살펴서 다른 사람을 대하는 태도는 도에서 멀리 떨어져 있지 않다. 자기에게 베풀어지기를 바라지 않는 일을 다른 사람에게 베풀지 마라"고 합니다. 입장을 바꾸어 생각해보고, 착한 마음으로 생활하다 보면 나도 그 혜택을 받게 됩니다.

마음이 너무 힘들어요

✳

사람들은 칠정 가운데 '슬픔'만이 울음을 끌어내는 줄 알고,
칠정 모두 울음을 끌어내는 줄은 모른다. 한껏 기쁘면 울 수
있고, 한껏 성이 나면 울 수 있고, 한껏 즐거우면 울 수 있고,
한껏 사랑하면 울 수 있고, 한껏 미우면 울 수 있고, 한껏 욕심
이 생기면 울 수 있으니, 한껏 맺힌 감정을 풀어버리는 데는
소리쳐 우는 것만큼 빠른 방법이 없다.

—《열하일기》호곡장론(好哭場論)

이 글은 연암 박지원이 산기슭을 벗어나자마자 광활하게 펼쳐진 요동 벌판을 보고 감격하여 한 말입니다. 마치 하늘과 땅을 풀로 붙인 듯한, 한 줄로 꿰맨 듯한 넓은 들판을 보며 그는 '한바탕 크게 울 만한 곳이로구나'라고 말합니다. 여기서 박지원은 '칠정'을 언급하고 있습니다. 칠정은 희로애락 애오욕 즉, 기쁨, 노여움, 슬픔, 즐거움, 사랑하는 마음, 미워하는 마음, 욕심을 일컫는 일곱 가지 감정입니다. 사람들은 슬플 때만 운다고 생각하는데 이 일곱 가지의 감정 모두 울음과 관련이 있습니다. 가슴속에 맺힌 감정을 풀어버리는 데는 우는 것만큼 좋은 방법이 없다고 말합니다.

실제로 힘들 때 눈물을 흘리는 것은 스트레스 해소에 도움을 줍니다. 우리 몸은 스트레스를 받으면 스트레스 호르몬이라 불리는 카테콜아민을 생성합니다. 이 호르몬이 과하게 분비되면 신진대사 불균형을 일으키는데요. 감정적으로 흘리는 눈물을 통해 우리 몸은 이 카테콜아민을 바깥으로 배출합니다. 세계적인 세로토닌 연구의 권위자로 알려진 일본 토호대학의 아리타 히데오 교수는 눈물과 뇌파, 안구 운동, 심전도 변화의 관계를 연구하여 '목 놓아 우는 것은 뇌를 리셋하는 효과가 있다'고 밝힌 바 있습니다. 아이가 힘든 일이 있다면 오늘의 글귀를 함께 읽고 실컷 우는 것도 스트레스를 푸는 하나의 방법이라고 알려 주세요. 울고 나면 마음이 한결 가라앉습니다.

아이만의 스트레스 해소법이 있나요? 부모님의 노하우도 함께 나누어봅시다. 일전에 미술 치료를 배울 때였습니다. 그림 그리는 활동이 왜 아이의 심리 치료에 도움이 되는지 궁금했습니다. 그림 그리기와 스트레스 상황이 직접적인 관계는 없으니까요. 그런데 그림을 그리면 그림 속에 나의 상황이 자연스럽게 투영됩니다. 그림을 설명하면서 나를 표현합니다. 미술 치료 수업을 수강하는 학생들과 이야기를 나누면서 위로를 받고 마음이 안정됩니다. 그림을 그리든 글을 쓰든, 소리를 치든, 운동을 하든 바깥으로 나를 표현하는 활동은 스트레스 해소에 도움을 줍니다.

〖 아이와 나눌 질문 〗

1. 요즘 힘들거나 스트레스받는 일이 있나요?
2. 힘들 때 실컷 울어본 적이 있나요? 그때의 기분이 어땠나요?
3. 나만의 스트레스 해소법은 무엇이 있나요?

　연암 박지원은 맺힌 감정을 푸는 데는 소리쳐 우는 것만큼 빠른 방법이 없다고 했습니다. 아이들은 어떻게 생각할까요? 먼저 마음에 맺힌 감정이 무엇일지 궁금해 물었습니다. 아이들이 스트레스를 가장 많이 받는 부분은 크게 세 가지입니다. 먼저, 공부와 성적입니다. 공부를 잘하고 싶은데 마음대로 되지 않고, 주변 사람들과 성적을 비교하면서 오는 스트레스입니다. 두 번째는 친구 관계입니다. 친구와 사이가 좋을 때도 있고 그러지 못할 때도 있습니다. 친해지고 싶은 친구와 멀어져서 속상할 때도 있고, 소극적인 성격으로 고민할 수도 있습니다. 세 번째는 가족 관계입니다. 부모님의 사이가 안 좋거나 형제자매와 자주 부딪치는 경우, 가족 간에 원활한 의사소통이 어렵거나 충분한 보살핌을 받지 못하는 경우에 스트레스가 생길 수 있습니다. 아이가 어느 방면에서 가장 스트레스를 받는지 살펴보고 진지하게 대화를 나누어보면 좋겠습니다. 겉으로는 명랑해 보여서 잘 모르는데 이런 시간을 갖고 나면 아이를 깊이 이해할 수 있습니다.

　그리고 환경 요인과는 별개로 같은 일을 겪었는데도 유난히 스트레스를 많이 받는 아이가 있습니다. 본래 예민한 기질을 가지고 있거나 잘못된 생각 방식으로 과하게 부정적인 감정을 가질 때가 있습니다. 이 유형의 아이는 일어난 사건과 감정을 분리할 필요가 있습니다. 어른도 이렇게 생각하는 경우가 자주 있습니다.

긍정 심리학자 마틴 셀리그만은 이를 사건-믿음-결과의 'ABC 연결고리'라고 부릅니다. 우리는 어떤 '사건(A)'이 '결과(C)'를 가져온다고 생각합니다. 하지만 그 사이에는 반드시 '믿음(B)'이라는 연결고리가 있습니다. '친구가 나를 그냥 스쳐 지나갔다(사건)'-'나를 무시하는 건가?(믿음)'-'기분이 나쁘다(결과)'처럼 생각이 연결됩니다. 친구가 나를 못 보고 지나쳤을 수도 있는데 말이죠. 사건과 나의 감정을 분리하여 내가 과하게 부정적으로 받아들이는 것은 아닌지 생각해보고, 비슷한 상황이 여러 번 반복되면 아이와 이야기를 나누는 게 좋습니다.

스트레스가 꼭 나쁜 것만은 아닙니다. 적당한 스트레스는 약이 된다고도 하죠. 다만, 지속적이고 과한 스트레스는 편두통이나 복통 등 신체 질환으로 나타나기도 하고, 불안이나 우울증, 대인 기피 등의 심리 반응으로 나타날 수도 있습니다. 스트레스는 바로바로 해소하는 게 좋습니다. 스트레스를 해소하는 대표적인 방법에는 운동이 있습니다. 너무 당연한 것 같지만 가장 쉽고 효과가 좋은 방법입니다. 존 레이티의 《운동화신은 뇌》에는 0교시에 체육을 했을 때 학생들의 스트레스가 해소되고, 학업 성취도 또한 높아졌다는 연구가 나옵니다. 그만큼 운동은 생각과 감정, 마음 건강에 직접적인 영향을 끼칩니다. 다음으로는 맛있는 음식 먹기입니다. 단 음식은 코르티코이드 호르몬 분비를 억제해서 기분을 나아지게 하고 소고기, 돼지고기 등의 육류는 세로토닌이 함유되어 있어 우울증을 예방합니다. 영양가 있는 음식을 골고루 먹는 것도 아이들의 면역력과 스트레스 해소에 도움을 줍니다. 또한 마음을 즐겁게 해주는 취미 생활과 충분한 수면도 중요합니다. 가장 좋아하는 스트레스 해소법에 관해 아이들과 이야기를 나누어봅시다. 스트레스 상황을 공유하고 서로 고민을 이야기하는 것만으로도 걱정과 고민을 가볍게 하는 시간이 되리라 생각합니다.

【 마음에 깊이 담기 】

상황이 힘들 때는《맹자》의 고자(告子) 한 글귀를 큰 소리로 읽어봅니다.

하늘이 장차 그 사람에게 큰 임무를 맡기려고 하면 반드시 먼저 그 마음과 뜻을 괴롭게 하고, 근육과 뼈를 깎는 고통을 주고, 몸을 굶주리게 하고, 그를 곤궁하게 하고, 하는 일마다 어지럽게 한다. 그 이유는 그의 마음을 흔들어 참을성을 기르게 하여 지금까지 할 수 없었던 일을 할 수 있게 하기 위함이다.

이 글은 아무리 지친 사람이라도 가슴을 뛰게 만듭니다. 어렵고 힘든 일은 오히려 사람을 강하게 합니다. 《맹자》의 글귀를 읽으며 지금의 힘든 시간을 그릇을 키우는 시간으로 담대히 받아들입시다.

고민만 산더미고 실천을 못 해요

【 오늘의 글귀 】

일을 함에 있어 '어찌하면 좋을까, 어찌하면 좋을까' 하며 노력
하지 않는 사람이라면 나도 정말 어찌할 수가 없다.

—《논어》 제15편 위령공(衛靈公)

【 이렇게 접근하세요 】

이 글을 보자마자 웃음이 납니다. 평생의 과제인 다이어트

가 떠오릅니다. '이 살들을 어찌하면 좋을까?' 100번을 되뇌지만 맛있으면 일단 먹고 맙니다. 원고 쓰기도 마찬가지입니다. '쓰긴 써야 하는데 어찌하면 좋을까?' 고민하고 압박만 받다가 하루 시간을 허비합니다. 노트북을 켜기 전에 커피도 타보고, 휴대폰도 보다가, 책도 뒤적거립니다. 괜히 방 청소를 해야 할 것 같고, 아이에게 너무 신경을 못 써준 것 같습니다. 글쓰기 빼고는 다 쉬워 보입니다. 머릿속에 떠돌아다니는 생각을 바깥으로 끄집어내기가 어렵습니다. 한참을 뒤척거리다가 결국 노트북을 켭니다. '실천'으로 옮기기까지가 이렇게 힘이 듭니다. 다이어트든 글쓰기든 실천을 해야 결과가 손에 떨어지는데 말이죠.

우리 아이는 어떨까요? 이번 글귀를 통해 생각과 실천과의 관계에 관해 이야기해봅시다. 글귀를 보니 옛날에도 어쩌면 좋을까 고민만 하다가 시간을 허비한 사람이 많았나 봅니다. 고민만 하고 실천하지 않으면 고민한 시간만 허비한 셈이지요. 아마 아이들도 비슷한 경험이 많을 겁니다. 초등학생도 해야 할 과업이 많으니까요. 놀고는 싶고 해야 할 숙제는 많으니 그 사이에서 자주 갈등할 겁니다. 학습 의욕이 있는 아이들은 잘하고 싶은 마음과 공부 시간 사이에서 고민합니다.

이제 구체적으로 꺼내봅니다. 예를 들어 수학 실력을 올리고 싶은데 뭘 어떻게 해야 할지 모르는 경우처럼요. 아이들 대부분은 머릿속에서 고민만 해요. 고민이 실천에 한 걸음 가깝게 다가가려면 바깥으로 꺼내 글로 써야 합니다. 시각화하면 이룰 수 있는 확률이 높아져요. 아이들의 목표를 보면 언제 이룰지 모를 추상적이고 큰 목표가 대부분입니다. 그럴 때는 세부 계획도 함께 세웁니다. 가장 안 되는 부분이 분수인지, 나눗셈인지, 도형인지 정확한 영역을 정하고, 어느 수준부터 공부를 시작해야 하는지 자세히 써보는 겁니다. 이렇게 아이와 함께 생각을 실천으로 옮기는 다양한 방법에 관해 이야기 나누어 봅시다.

〔 **아이와 나눌 질문** 〕

1. '어쩌면 좋을까?' 고민하는 부분이 있나요? 있다면 한번 써봅시다.
2. 이 고민을 해결하기 위해서는 어떤 방법이 필요할까요? 세부 계획을 세워봅시다.
3. 목표는 있지만 실천하기는 귀찮거나 하기 싫을 때 꼭 하게 만드는 노하우가 있나요?

　이번 글귀를 보자마자 아이들이 신이 났습니다. 다들 자기 이야기라고요. 계획했지만 하지 못한 일을 발표했습니다. 숙제를 빼놓을 수 없겠지요. 밤에 숙제하려다 말고 휴대폰으로 유튜브를 보다가 잠들 때가 많았다고 합니다. 이건 제 얘기 같습니다. 저도 저녁에 할 일을 잔뜩 계획해놓고는 침대에 누워서 휴대폰만 보다 하루를 마무리한 적이 많았거든요. 어떤 아이는 돈을 모아야 하는데 사고 싶은 것을 바로 사버려서 문제랍니다. 아이들의 발표를 들어보니 더 명확해졌습니다. 다들 올바른 행동을 하고 싶은데 실천을 못 하는 겁니다.

　아무것도 하지 못한 경험담만 나누다가는 대화의 효용 가치가 없을 것 같아 방향을 바꿉니다. 우리 반에 자기 주도력 끝판왕인 아이가 있습니다. '뿌듯해 노트'를 보면 매일 해내는 목록이 대단합니다. 목록 몇 가지를 보면 《기탄 수학》 10장 풀기' '아령 500번 들기' '영문법 강의 듣기' '위인전 읽기' 등입니다.

　"아령을 500개씩 매일 든다고? 정말로?" 의심하면 안 되지만 혀를 내두를 정도의 목록이라 저도 모르게 불쑥 묻습니다. 뚝심 있는 눈빛으로 "네"라고 말해 그 말이 사실임을 알려줍니다. "어쩐지 승모근이 장난이 아니더라." 다른 남학생의 툭 튀어나

212

온 유머러스한 말에 아이들의 웃음보가 터집니다. 아이에게 가장 궁금한 걸 묻습니다.

"민지야, 《기탄 수학》을 매일 10장씩 푸는 거 말이야. 하기 싫을 때도 있잖아. 어떻게 매일 이렇게 하니? 혹시 민지만의 비법이 있을까?"

괜히 눈이 반짝이고 심장이 쿵쾅댑니다. 아이의 대답이 궁금했거든요. 시끌시끌한 아이들에게 친구의 발표를 귀담아듣자고 훈수도 놓습니다. 이제 아이가 말할 차례입니다. 아이는 해야 할 시간을 정해놓고 한답니다. 더 특별한 게 있을 것 같아 다시 물었습니다. "해야 할 시간에 하기 싫을 때가 있잖아. 선생님도 계획에 항상 시간을 정하거든. 그런데 못 할 때가 많아! 혹시 다른 방법은 없니?" 그랬더니 대답합니다.

"하기 싫은 날은 조금만이라도 하자라는 생각으로 시작해요. 그럼 어느 순간 다 하게 되더라고요."

바로 이거였습니다. 하기 싫으면 대부분 '에라 모르겠다. 내일 하자'라고 생각하거든요. '조금이라도 하자'라니. 정말 새로운 발상이지 않나요? 오늘도 아이에게 배웁니다. 궁금해서 찾아보니 습관 만들기 방법 중에 '10초 액션 효과'라는 게 있습니다. 최초의 단계를 10초만 해도 극적인 변화가 찾아온다고 합니다. '운동복 입기' '책 펴기' '노트북 켜기'를 딱 10초만 하기로 마음먹자고요. 목표한 바를 '조금이라도' 이루는 하루를 보내기로 아이들과 약속합니다.

〖 마음에 깊이 담기 〗

《논어》제9편 자한(子罕)에서 공자는 "기뻐하기만 하고 참뜻을 추구하지 않으며, 따르기만 하고 실제로 잘못을 고치지 않는다면 나도 그런 사람은 어찌할 방법이 없다"고 말합니다. '기뻐하기만 하다, 따르기만 하다'의 의미는 선생님의 말씀에 "네, 알겠습니다. 앞으로 잘하겠습니다"라는 말이나, 좋은 책을 읽고 공감의 뜻으로 격하게 고개를 끄덕이는 다짐 행동을 말합니다. 그런데 다짐만 하고 실제로 행동이 바뀌지 않는다면 아는 사람이나 모르는 사람이나 다를 바 없습니다. 《논어》의 글을 읽고 실천 의지를 다져봅시다. 우리는 배우며 어제보다 나은 모습으로 바뀌는 사람입니다. 여러분의 실천을 응원합니다.

친구에게 질투가 나요

세상을 살아가는 데에는 한 발자국 양보하는 것이 뛰어난 행동이니, 물러서는 것이 곧 나아가는 바탕이기 때문이다.

사람을 대할 때는 너그러운 것이 복이 되니, 남을 이롭게 하는 것이야말로 자신을 이롭게 하는 바탕이기 때문이다.

—《채근담》전집 17장

이번 글귀를 보면서 '양보'와 '너그러움'이라는 직관적인 해석보다 '친구 사이의 질투'가 주제로 떠올랐습니다. 첫째는, '친한 친구가 잘될 때 친구가 돋보이도록 한 걸음 물러날 수 있는가?' 둘째는, '서로 비슷한 상황에서 친구가 잘되었을 때 진심으로 응원하고 기뻐할 수 있는가'입니다. 상황에 따라 물러날 줄도 알아야 하며, 남을 진심으로 기쁘게 할 수 있을 때만이 나를 이롭게 하는 바탕이 된다고 고전에서는 말합니다.

저는 어릴 때 질투의 화신이었습니다. 초등학생 때, 친구가 선생님의 사랑을 더 많이 받는 것 같으면 기를 쓰고 학교에서 착한 일을 하려고 했습니다. 친구가 좋은 대학에 가고 점수를 잘 받으면 부러웠고, 예쁜 친구를 보면 은근히 속이 상했습니다. 다른 누구보다도 제가 반짝이고 싶었습니다. 그래서 칭찬과 사과에 인색했습니다. 친구의 장점을 알아도 굳이 칭찬해서 친구를 돋보이게 하고 싶지 않았습니다. 또 제 잘못을 알아도 쉽게 인정하기 싫었고요. 그러다 인상적인 친구를 만났습니다. 칭찬과 사과에 후한 친구였습니다. 저는 한번 내뱉기도 힘든 '미안해' '고마워' '잘한다'를 그 친구는 어쩜 그리 쉽게 하던지요. 속도 없나 싶었습니다. 그런데 청소년기 친구가 이래서 중요한가 봅니다. 친구가 예쁜 말 하는 게 질투 나서 그걸 따라 했습니다. 막상 해보니 별거 아니었고 자존심 상하는 일도 아니었습니다. 게다가 기분까지 좋아진다는 걸 알았습니다. 질투했던 친구로 인해 표현의 기쁨을 배웠습니다.

그렇게 시간이 흘렀습니다. 오래 사귀다 보니 친구가 잘될 때도 있고 안될 때도 있습니다. 사촌이 땅을 사면 배가 아프다는 속담처럼 친한 친구가 잘되면 나는 뭔가 싶고 괜히 작아지는 마음이 들기도 합니다. 그런데 순서에 차이가 있을 뿐 친구가 잘되면 제가 잘될 확률이 높아집니다. 친구의 발전은 나와 전혀 관계없는 사람의 성장보다 신선한 자극을 주니까요. 아이도 똑같습니다. 질투의 마음을 긍정으로 바꿀 수만 있다면 자신에게 발전을 가져다줄 겁니다.

아이가 질투로 힘들어한다면 '질투'라는 감정을 빼고 친구를 찬찬히 보라고 얘기해주세요. 그러면 나쁜 마음은 사라지고 친구의 좋은 점과 배울 점이 보일 거예요. 자칫 질투가 친구에 대한 미움으로 번질 수 있는데, 질투라는 마음은 내 마음에서 일어난 문제일 뿐 친구와는 아무런 상관이 없습니다. 질투라는 감정만 빼버리면 잘된 친구는 나에게 배움을 주는 사람입니다. 친구가 잘되면 진심으로 손뼉 쳐줍시다. 그리고 친구에게 걱정이 있다면 도와줄 방법을 생각해봅시다. 송무백열(松茂栢悅),

혜분난비(蕙焚蘭悲)라는 사자성어가 있습니다. 소나무가 무성하면 잣나무가 기뻐하고, 혜초가 불타면 난초가 슬퍼한다는 뜻으로 친구의 기쁨과 슬픔을 내 일처럼 함께 나눈다는 뜻이에요. 요즘은 친구가 잘되면 친구의 들뜬 모습이 참 좋아 보이고 친구가 힘들어하면 괜히 저도 의기소침해져요. 감정은 쉽게 옮겨가니까요. 모두 건강하고 잘되기를 바라는 마음입니다. 친구가 기쁜 일이 있다면 진심으로 축하하고 함께 기뻐하는 것이 결국 진정으로 나를 위한 길임을 잊지 말아야겠습니다.

〖 아이와 나눌 질문 〗

1. 친구가 질투 나서 힘들었던 적이 있나요? 경험담을 이야기해봅시다.
2. 질투가 나면 나는 어떻게 행동하나요?
3. 남을 이롭게 하는 것이 왜 자신을 이롭게 하는 것일까요?

　교실에서는 글귀 자체에 집중해보았습니다. 아이들이 이번 글귀에도 관심이 많았습니다. "선생님! 첫 번째 줄인 '양보하는 것이 뛰어난 행동이니' 부분이 공감이 가요. 양보하는 거 너무 어렵거든요." 아이들이 솔직하게 말합니다. 양보가 쉬운 사람이 어디 있을까요. 내가 먼저 편하고 싶고, 쉬고 싶고, 누리고 싶은 것이 사람 마음입니다.

　"선생님, 굳이 애써서 남을 이롭게 할 필요가 있나요? 피해만 안 주면 되잖아요." 아이가 날 선 질문을 합니다. 이 생각도 맞습니다. 다른 사람에게 피해를 주지 않기만 해도 옳습니다. 이제 핵심 글귀인 '남을 이롭게 하는 것이 실제로 자신을 이롭게 하는 바탕'의 의미에 대한 아이들의 생각을 들어볼 때입니다. "혹시 이 글귀와 비슷한 경험이나 떠오르는 생각이 있나요?" 한 남학생이 번쩍 손을 듭니다. 예전에 읽은 전래 동화가 떠올랐대요.

　옛날에 아버지를 여읜 여인이 장례비가 없어서 슬퍼하자 한 선비가 수중에 있는 돈을 다 털어서 장례를 할 수 있도록 도와주었습니다. 먼 훗날 선비는 벼슬을 하다가 역적이라는 모함을 받습니다. 그런데 권세 있는 양반집으로 시집을 간 여인이 그 사실을 알게 되어 선비를 도와준다는 내용입니다. 《채근담》 글귀와 딱 맞아떨어지는 이야기예요. 글귀와 이야기를 연결 짓는 아이의 능력에 감탄했습니다. "이 선비는 여인에게 도움을 받을 줄 알고 선행을 베풀었을까요?" 아이들이 고개를 흔듭니다. 좋은 마음을 가지고 한 순수한 선행이었습니다. 그 선행이 자신의 목숨을 살린 겁니다. 선행을 강조하는 강력한 옛이야기입니다. 꽤 괜찮은 내용을 발표했다는 생각에 얘기한 남학생이 신이 납니다.

이런 경험을 실제로 해본 사람이 있는지 물었습니다. 한 아이가 번쩍 손을 듭니다. "유치원 때 학부모 공개 수업을 했는데요, 그때 주제가 베이글 빵 만들기였어요. 빵 중간에 구멍이 뚫려 있어야 하는데 친구 것은 구멍이 뚫려 있지 않은 거예요. 친구가 무척 속상해하길래 제가 바꿔줬어요. 저는 음식이 배 속으로 들어가면 다 똑같다고 생각했거든요. 친구가 좋아해서 저도 좋았어요. 그런데 나중에 친구의 어머니가 고맙다며 아이스크림 케이크를 사 주시는 거 있죠! 베이글보다 더 좋은 거잖아요. 완전 기분 좋았어요. 다른 사람을 이롭게 했더니 저에게도 결국 이로운 일이 생겼어요."

아이가 먹는 건 배 속에 들어가면 다 똑같다고 말하는 게 귀여워서 큰 소리로 웃었습니다. 꼭 상대에게 보상을 받지 않더라도 베풀고 먼저 양보하는 것 자체가 마음을 몽글몽글하게 합니다. 나로 인해 상대가 기뻐한다면 그 모습을 보는 것만으로도 마음속에 벅차오르는 무언가가 있습니다. 그럼, 그 자체만으로도 나를 이롭게 하는 것이 아닐까요?

▌ 마음에 깊이 담기 ▐

《논어》제6편 옹야(雍也) 28장에 "인이란 자신이 서고자 할 때 남부터 서게 하고, 자기 일을 잘하려 할 때 남의 일도 잘하게 해주는 것이다. 자신의 처지를 미루어서 다른 사람을 헤아릴 수 있다면 그것이 바로 인의 실천 방법이다"라는 말이 있습니다. 인(仁)은 군자의 덕목 중 하나로 '어질다'라는 뜻입니다. 자신의 마음을 토대로 상대의 마음을 짐작하여 친구가 힘들 때는 내가 힘든 것처럼, 친구가 기쁠 때는 내가 기쁜 것처럼 느낄 줄 아는 '인'의 실천 방법을 아이에게도 들려줍시다.

마음이 조급해요

의로운 일이 있다면 반드시 열심히 하되 결과에 집착하지 말
고, 무리하게 잘되려고 억지로 조장해서도 안 된다.

—《맹자》공손추(公孫丑) 상

《맹자》에 보면 이 글귀와 함께 일화 하나를 소개하고 있습니

다. 중국 송나라 때 성격 급한 농부가 있었습니다. 농부가 씨를 뿌렸는데 생각보다 잘 자라지 않았죠. 답답했던 농부는 싹을 조금씩 잡아당겨서 뽑아 올렸습니다. 그랬더니 싹의 키가 훨씬 커 보였습니다. 흡족해진 농부는 집에 와서 아들에게 말합니다. "아들아, 오늘 아주 힘들었단다. 싹이 빨리 자라라고 힘을 좀 썼지." 아들이 놀라서 밭에 가보니 싹은 이미 시들어 있었습니다.

이 이야기가 시사하는 점은 무엇일까요? 의를 실천하기 위해 꾸준히 노력하되 억지로 조장하지는 말라는 것입니다. 조장은 바람직하지 않은 일을 더 심해지도록 부추긴다는 뜻입니다. 하고 싶은 일이 내 뜻대로 안 된다고 쉽게 포기해서도 안 되겠지만, 그렇다고 안 되는 걸 억지로 되게 하려고 무리하지도 말라는 이야기입니다.

우리는 한정된 시간 안에서 빨리 좋은 결과를 보고 싶어 합니다. 그래서 옳지 않은 방법을 사용할 때가 있지요. 종종 입시 비리나 성적 조작과 관련된 뉴스를 봅니다. 아마 밝혀지지 않은 사건들도 있겠죠. 당장의 결과야 좋겠지만 절대 떳떳할 수 없습니다. 언제 들킬지 몰라 매 순간 가슴이 두근거릴 겁니다. 양심의 가책은 본인이 평생 가지고 가야 할 몫입니다.

'만약에' 하고 질문을 써봅시다. 만약에 씨를 뿌린 농부가 빨리 결실을 보고 싶었더라도 묵묵히 기다렸으면 어땠을까요. 결과적으로 더 좋은 결과를 얻었을 겁니다. 아이들이 수행 평가 때는 열심히 하고, 그렇지 않을 때는 적당히 참여하는 모습을 보입니다. 당장 눈앞의 결과는 좋을 수 있지만 장기적으로는 평가 여부에 연연하지 않고 열심히 공부하는 것이 옳습니다. 아이와 함께 더 좋은 결과를 가져다주는 행동은 무엇인지 이야기 나누어봅시다.

〖 아이와 나눌 질문 〗

1. 송나라 농부의 이야기가 시사하는 점은 무엇일까요?
2. 당장 성과를 내려고 급하게 요령을 피운 적이 있나요?
3. 송나라 농부의 이야기를 통해 눈앞의 작은 이익과 멀리 있지만 큰 이익을 구별해봅시다.

〖 친구들은 이렇게 생각했어요 〗

글귀의 첫 줄을 보자마자 아이들이 말합니다. "선생님, 어떻게 결과에 집착을 안 해요. 집착이 되죠." 고학년다운 말입니다. 과정도 중요하지만 결과도 중요합니다. 결과에 따라 칭찬을 받기도 하고 꾸지람을 들을 때도 있습니다. 부모의 표정과 행동도 다릅니다. 자유 시간이 더 생길 수도 있고 학원을 추가로 다닐 수도 있지요. 결과가 좋으면 힘이 나고 결과가 나쁘면 힘이 쑥 빠지는 것은 지극히 정상입니다. 아이들의 고백에 '결과에 집착하지 말고 과정에 충실하자'라는 말이 쉽게 나오지 않습니다. 도리어 "너희 말이 맞다. 결과도 중요하지" 하고 맞장구를 칩니다. 이 이야기를 어떻게 풀어나가야 할지 고민입니다.

《맹자》의 글귀에는 두 가지 포인트가 있습니다. 첫째는 의를 실천하려고 하되 결과에 집착하지 않는 자세입니다. 그런데 아이들의 말대로 결과에 집착하지 않을 수는 없습니다. 하지만 또 다른 기회는 언제든 있고, 이번에 원하는 대로 결과가 나오지 않았다고 해서 당장 큰일이 나는 것도 아닙니다. 오히려 결과에 과도하게 집착하면 문제가 생깁니다. 바람직하지 못한 방법을 떠올리게 되니까요. 결과적으로 더 나쁜 결과를 초래합니다.

그래서 좋은 결과를 내되 '어떻게' 좋은 결과를 낼지 생각해보는 것이 두 번째 포인트입니다. 아이들 스스로 억지로 결과를 내려고 했던 적을 고백해보기로 했습니다. 한 아이는 숙제를 빨리하고 싶어서 답지를 보고 다 푼 것처럼 채점한 뒤 선생님을 속인 적이 있다고 말합니다. 다 맞으면 이상하니까 몇 개쯤 틀렸다고 표시해야 한다는 팁도 전합니다. 하지만 들킬까 봐 불안했답니다. 솔직하게 얘기하는 아이가 기특합니다. 아이들은 더 많이 놀고 싶은 마음에, 혹은 칭찬받고 싶은 마음에 순간적으로 안 한 것을 했다고 말하기도 하고 80점을 100점으로 고쳐서 말하기도 합니다. 아이의 마음을 이해하지 못하는 건 아닙니다. 저도 그런 적이 있으니까요. 하지만 당장 좋은 결과를 위해 임시방편으로 상황을 무마하려는 행동은 궁극적으로 좋은 결과를 얻지 못합니다. 《맹자》에 소개된 송나라의 농부처럼 말이죠. 바람직한 과정으로 노력하는 것이 좋은 결과를 내는 가장 빠른 지름길임을 아이와 함께 이야기 나누어봅시다.

【 마음에 깊이 담기 】

《논어》 제4편 리인(里仁)에는 "부귀영화는 사람들이 좋아하는 것이지만 올바른 방법으로 얻은 것이 아니라면 누려서는 안 된다"라는 말이 있습니다. 오늘의 《맹자》 글귀를 한 줄로 요약

하고 있습니다. 부귀영화, 성공, 명문대 입학 등은 많은 사람의 바람입니다. 그렇지만 과정이 떳떳하지 못하다면 그 결과는 사상누각처럼 언제 어떻게 바스러질지 모릅니다. 오히려 아무것도 안 했을 때보다 더 나락으로 떨어질 수 있습니다. 송나라 농부도 싹을 미리 뽑지 않고 가만히 놔두었다면 싹이 조금이라도 자랐을 테니까요. 바라는 바가 있다면 정정당당하게 실력으로 쟁취합시다. 우리에게는 충분히 그럴 만한 저력이 있습니다.

남이 나를 괴롭게 해요

✳

【 오늘의 글귀 】

한 사람이 찾아와서 앞날의 일을 묻기를

무엇이 복(福)이고 무엇이 화(禍)인가 하네.

내가 남을 해롭게 하는 것이 화가 되고

남이 나를 해롭게 하는 것이 복이라네.

—《명심보감》제12편 성심(省心)

'남이 나를 해롭게 하는 것이 복이다.' 이 글귀에 사로잡힙니다. 여기서 '해롭게'를 '괴롭게'라고 바꾸면 떠오르는 사람이 있습니다. 바로 제 딸입이다. 딸을 키우기 전에는 기본적으로 한글은 다 떼고 학교에 입학해야 한다고 생각했습니다. 저도 여섯 살 때 한글을 뗐던 터라 크게 걱정하지 않았습니다. 다 그런 줄 알았거든요. 그런데 웬걸. 딸아이의 한글 교육이 쉽지 않았습니다. 다섯 살 때부터 온갖 방법을 시도했지만 다 실패했습니다. 입학 직전까지도 어려웠습니다. 아래는 딸이 일곱 살 때 함께했던 한글 공부를 생각하며 쓴 일기입니다.

- 펜 고르는 데 100년 걸림.
- 눈 감고 글씨 쓰기 연습함.
- 머리를 규칙적으로 떨구며 자는 척함.
- 갑자기 글자 색칠에 열 올림.
- 연필을 다섯 번 떨어뜨림(연필심 부러져 있음).
- 이런 글자는 없냐며 이상한 문자를 써댐.
- 글자 잘못 말해놓고 하나도 안 웃긴데, 혼자 좋다고 낄낄거림.
- "집중 좀 할래?" "집중하는 게 뭔데?" "정신 좀 차리자" "정신 차

리는 게 뭔데?"

· 글자를 읽어보라는데 대답이 없음. 왜 안 읽느냐고 했더니 마음속으로 읽었다고 함.
· 한글 줄 긋기 하는데, 점에서 점을 직선으로 긋지 않고 구불구불 한참 돌아서 도착점에 그음(기다리는 데 인내심 필요).

당시에 이 글을 쓸 때 한 번의 고민도 없이 바로 썼습니다. 얼마나 비일비재한 일이었는지 알 수 있겠죠. 엄하게도 해봤는데 주눅 한번 들지 않았죠. 어찌 그리 얄미울 수 있을까요. 이쯤 되니 제가 잘못 가르친 건가 싶어 자괴감도 들었습니다.

국민의 평균 언어 능력이 우수하다는 핀란드는 8세 이전의 문자 교육을 엄격하게 금지하고 있고, 영국, 독일 등 여러 선진국도 취학 전에는 글자 학습을 시키지 않습니다. 언어 영역을 담당하는 좌뇌가 만 6세 이후에 본격적으로 발달하기에 문자 학습의 최적기도 그에 따른다고 전문가들은 말합니다. 그래서 괜찮다 싶다가도 책을 줄줄 읽는 또래 친구들을 보면 너무 늦어지는 건 아닌가 싶어 불안한 마음이 들곤 했습니다.

초등학교 입학 후 3월 상담 주간이 되었습니다. 동료 교사인 담임선생님이 농담 삼아 얘기합니다. "예원이, 생각보다 공부 안 시키셨더라고요." 담임선생님과 같이 크게 웃었습니다. 한

글을 가르친다고 가르쳤는데 어려웠다고 말씀드렸지요.

그러다 한 달쯤 지나 선생님이 묻습니다. "예원이 3월에 뭐 시켰어요? 갑자기 한글이 확 늘었던데!" 담임선생님과 대화가 끝나고 곰곰이 생각해봤습니다. 그러고 보니 어느 순간 딸이 글자를 쉽게 읽습니다. 3월에는 저도 바빠서 뭘 따로 하지도 않았는데 말이죠. 딸과의 한글 에피소드 이후에는 아이들이 새롭게 보입니다. 조금 느려도 아이마다 다 때가 있는 거라고 생각합니다. 아이마다 성향과 기질이 다르니, 결국 아이의 성장 속도를 기다리는 게 정답이었습니다.

만약 딸이 5~6세에 한글을 훌훌 떼버렸다면 이런 마음은 얻지 못했을 것입니다. 딸과의 한글 공부 기간은 꽤 괴로웠지만, 돌아보니 여러 아이를 이해하고 기다릴 줄 아는 여유가 생겼습니다. 당시에는 인내심이 필요했던 괴로운 경험도 지나고 보면 새로운 배움을 줍니다.

【 아이와 나눌 질문 】

1. 남이 나를 힘들게 한 적이 있나요?
2. 내가 견디기 힘들었던 상황이 있나요?

3. 어렵고 힘든 상황을 통해서 배운 점을 이야기해보세요.

〔 친구들은 이렇게 생각했어요 〕

반 아이들도 네 번째 줄을 읽고 흥분했습니다. "남이 나를 해롭게 하는 것이 무슨 복입니까? 화죠 화." 아이들의 생각이 맞습니다. 남이 힘들게 하면 싫고 어떻게든 그 상황을 피하고 싶습니다. 웅성거리던 와중에 한 아이가 손을 듭니다. "선생님, 남이 나를 해롭게 했어도 교훈이 되었다면 결국 이로운 일 아닐까요?" 이 아이는 정확한 답을 잘 말합니다. 그래서 일부러 발표도 늦게 시킨답니다. 우리 반 모범생 친구의 의견에 힘입어 과제를 제시합니다. 기억을 떠올리기가 달갑지는 않겠지만 괴로웠거나 힘들었던 일을 떠올려보고 배울 점을 찾아보라고 했습니다.

> · 친구랑 싸우고 나서 친구가 미웠다. 오랫동안 서먹했는데 그동안 내 잘못도 생각하게 되었다.

학교에서 아이들은 많이 싸웁니다. 중간 놀이 시간이 지나면 어김없이 한두 팀은 억울함을 토로합니다. 다툼을 중재하다가 답이 안 나올 때는 '너희는 어떻게 했으면 좋겠니?'라고 물어봅니다. 그러면 의외로 자기들끼리 여러 가지 화해 방법을 제시합니다. 그러는 동안 둘의 사이가 좋아지더라고요. 친구와의 다툼은 불편한 일이지만 서로가 조율점을 찾다 보면 다투기 전보다 상대방의 입장을 더 잘 알게 됩니다. 괴로운 일이 있으면 '힘들다' '짜증 난다'라는 감정이 먼저 떠오르겠지만 어려운 일을 해결해가는 과정을 통해 더 좋은 사람으로 거듭날 수 있음을 아이들과 함께 생각해봅시다.

【 마음에 깊이 담기 】

'시비를 건다'라는 말이 있습니다. 시비(是非)는 옳고 그름을 따진다는 뜻인데요. 라임이 훌륭한 방랑 시인 김삿갓의 시를 소개합니다.

시시비비비시시(是是非非非是是)
옳은 것을 옳다 하고, 그른 것을 그르다 함이 반드시 옳은 것은 아니다.

시비비시비비시(是非非是非非是)

그른 것을 옳다 하고, 옳은 것을 그르다 해도 꼭 옳지 않은 것은 아니다.

시비비시시비비(是非非是是非非)

그른 것을 옳다 하고, 옳은 것을 그르다 해도 이것이 그른 것도 아니며

시시비비시시비(是是非非是是非)

옳은 것을 옳다 하고, 그른 것을 그르다 하는 것, 이것이 시비거리다.

옳고 그름은 사람의 관점에 따라 달라질 수 있습니다. 오늘 나눈 글귀처럼 남이 나를 해롭게 한 것이 나에게 이로울 수도 있고, 이롭다고 생각했던 것이 해로워지기도 합니다. 생각의 방향에 따라 배울 점이 있지요. 친구와 다퉈서 괴로웠다면 김 삿갓의 시를 음미하며 상대방의 입장도 헤아리며 지혜롭게 문제를 해결해보면 어떨까요? 또 아나요? 이 일로 더 친해질지.

한번 토라지면 오래가요

마음의 바탕은 바로 하늘의 바탕이다. 그러한 까닭에 한순간의 기쁜 마음은 상서로운 별과 구름이고, 한순간의 분노한 마음은 사나운 우레와 폭우이며, 한순간의 자비로운 마음은 따뜻한 바람과 단 이슬이고, 한순간의 엄격한 마음은 뜨거운 태양과 찬 서리이니, 어느 것인들 없을 수 있겠는가? 다만 이러한 감정들이 때와 상황에 따라 일어났다가 사라져 광활하게 막힘이 없어야 하늘과 하나가 되는 것이다.

—《채근담》전집 172장

아이와 함께 한 줄 한 줄 끊어 읽어봅시다. 이번 《채근담》의 글귀는 어떤 내용일까요? 뜻하는 바가 무엇인지 이야기 나누어봅시다. 이번 글귀는 살면서 맞닥뜨리는 여러 감정들을 어떻게 해결해야 하는지에 관한 이야기입니다. 즐겁기도 하고, 성나기도 하고, 행복할 때도 있고, 화날 때도 있는 것은 당연합니다. 여기서 중요한 점은 일어났다가 사라져 막힘이 없어야 한다는 것입니다.

가령 교실에서 상대에 대한 미운 감정과 토라진 마음이 오래 가면 따돌림이 됩니다. 그 아이의 일거수일투족이 밉습니다. 다른 친구들도 그 친구를 미워했으면 좋겠습니다. 누군가를 미워하는 감정 또한 에너지이기에 다른 아이들과 스스럼없이 밝게 지내는 친구에 비해 이 아이는 마음이 힘듭니다.

인지심리학자 김경일 교수는 마음의 눈금이 촘촘해야 어른이라고 했습니다. 상대가 나에게 조금 기분 나쁜 일을 했다고 상대를 끝까지 싫어하고 험담할 것이 아니라, 그 사람의 좋은 점도 생각하면서 마음의 눈금을 다시 맞춰보는 사람이 행복할 수 있습니다. 때론 상대에게 속상한 마음이 들기도 하지만 마음을 왔다가 갔다가 하며 토라진 마음도 풀 줄 알고 순간의 감정으로 상대를 쉽게 단정 짓지 않는 유연한 마음도 배워야 합니다.

훈육을 하다 보면 아이들이 토라질 때가 있습니다. 얼마나 오래가나요? 아이의 이야기를 들어봅시다. 친구 혹은 가족 간에 토라져서 힘들었던 경험을 말이에요. 다투고 나서 서로 아무 말 하지 않고 지내는 냉전 기간이 오래가는 경우가 있습니다. 먼저 사과하지 않으면 절대로 말하지 않겠다고 씩씩거리죠. 누가 먼저 화해하나 보자고 벼르고 있습니다. 다 한 번쯤은 경험해봤으리라 생각합니다. 잘잘못을 떠나서 어느 한쪽인들 마음이 편한 사람이 있나요? 그사이에 스며든 부정적인 감정은 아이의 마음을 아프게 합니다. 부정적인 감정이 제때 사라져야 아이의 마음도 뻥 뚫리고 관계도 편안해집니다. 감정이 쉽게 사라지려면 한 사람의 노력도 필요하지만 서로가 노력해야 합니다. 가족끼리 서운한 점이 있더라도 오래 끌지 말기로 해요. 감정이 일어났다 하더라도 막힘없이 사라질 수 있도록 서로 노력해봅시다. 사랑하는 가족이니까요.

1. 속상하거나 토라진 마음이 오래가서 힘든 적이 있었나요?
2. 속상할 때 어떤 방식으로 감정을 해결하면 좋을까요?
3. 나로 인해 토라진 친구가 있다면 어떻게 상대의 마음을
   풀어주나요?

〖 친구들은 이렇게 생각했어요 〗

　보통 삐지면 얼마나 오래가냐고 아이들에게 물었습니다. 명
랑한 우리 반 아이들은 하루가 뭡니까 한 시간도 안 간다고 합
니다. 금방 잊어버린대요. 결국 문제는 어른이었네요. 이번에
도 아이들에게 배우고자 물었습니다. 토라져서 기분이 안 좋을
때 쉽게 마음을 푸는 노하우를 알려달라고 했습니다. 여러 친
구가 앞다투어 발표했습니다. 그 결과를 유형별로 정리해봤더
니 재미있습니다.

> **1. 삐진 이유를 편지로 써서 상대에게 준다. ('작가'형)**

2. 강아지와 산책한다. ('동물 사랑'형)

3. 삐질 짓을 아예 안 한다. ('완벽'형. 친구들의 '헐' 소리는 덤)

4. 가만있으면 자연스럽게 풀어진다. ('일반'형)

5. 가끔 혼자 갖는 시간도 괜찮다. ('즐김'형)

6. 제3자 입장에서 나의 행동을 살펴본다. ('성인군자'형)

특히 '성인군자'형 아이의 말에 깜짝 놀랐습니다. 객관적으로 자신의 행동을 돌이켜볼 줄 알아야 가능한 대답이었습니다. 실제로도 친구들과 사이가 좋고 인기 많은 아이입니다. 생각이 깊네요. 서로의 노하우를 나눈 뒤에 반대 관점을 생각해보았습니다. 토라진 마음을 스스로 풀어내는 것도 필요하지만 상대가 속상할 때 먼저 풀어주는 자세도 중요합니다. 상대의 삐진 마음을 풀어주는 노하우도 물어봤습니다.

1. 삐진 친구에게 간식을 준다. ('먹을 거로 다 됨'형)

2. 은근슬쩍 다가가 사과한다. ('일반'형)

3. '낄끼빠빠'가 중요하다. ('사회생활 갑'형. 팁: 너무 화났을 때는 건드리지 않는다. 책상에 엎드려 있을 때보다는 눈물을 닦으며 화장실로 나가거나 밖으로 나가는 등 움직일 때가 적기다. 적당히 시간이 지난 후에 사과하며 장단을 맞춰준다.)

세 번째 '사회생활 갑'형의 아이는 정말로 진지하게 말했습
니다. 어느 친구와도 유쾌하게 잘 지내는 아이예요. '성인군자'
형 아이의 대답은 촌철살인입니다. 앞으로의 친구 관계에서 걱
정이 없는 아이입니다. 아이들의 이야기를 들으니 저보다 낫습
니다. 오늘은 제가 아이들에게 한 수 배웠습니다.

〖 마음에 깊이 담기 〗

토라지고 속상하고 씩씩대는 마음이 머릿속에 가득 차 있
을 때는 아무런 생각도 들지 않습니다. 상대가 너무 밉고 나는
그저 피해자예요. 감정의 소용돌이가 잦아들면 한번 생각해봐
요. 나의 잘못은 없는지 말이에요. 사실 이건 어른도 어려워요.
마음이 성숙한 사람이라야 가능합니다. 《채근담》에는 "늘 스
스로 반성하는 사람은 부딪치는 일마다 모두 이로운 약이 되지
만, 남 탓만 하는 사람은 마음 씀씀이 하나하나가 모두 자신을
해치는 창칼이 된다"라는 말이 있습니다. 아이가 화가 잔뜩 났

을 때보다는 아이와 관계가 좋을 때, 이 글귀를 미리 읽고 나누면 좋겠습니다. 나중에 이 글귀가 반드시 아이에게 도움이 될 테니까요.

4장 관계 맺음이 좋은 아이

어른의 충고는 꼭 들어야 하나요?

*

귀에 거슬리는 말이라도 항상 들을 줄 알고, 마음에 들지 않는 일이더라도 항상 간직한다면 이것으로 덕과 행실을 닦는 숫돌이 될 것이다. 그러나 만약 들리는 말마다 귀를 즐겁게 하고 하는 일마다 자신의 마음을 기쁘게 한다면 이것은 자신의 일생을 짐새*의 독 속에 파묻는 것과 같다.

—《채근담》 전집 5장

*짐새: 중국 광동성의 깊은 산에 산다는 전설상의 독이 있는 새

다른 사람의 말이 마음에 들지 않더라도 충고는 새겨야 한다는 이야기입니다. 첫 책 초고를 완성하고 동료 선생님 다섯 명에게 원고를 보여준 적이 있습니다. 책이 출간되기 전에 제가 놓친 부분이나 보충할 점이 있다면 고치고 싶었습니다. 원고를 보여주고 난 다음 날부터 잠이 안 옵니다. '내 원고를 어떻게 봤을까. 별로라고 하면 어떡하지?' 하나둘 전화가 옵니다. 동료 선생님들이 하는 이야기를 받아 적습니다. 서론이 임팩트가 없답니다. '이것도 세 번을 고친 건데, 어떻게 더 임팩트 있게 쓰란 말이지?' 투덜거리는 마음이 올라옵니다. 며칠이 지나니 동료의 말이 맞습니다. 원고가 다시 보입니다. 그들의 조언을 참고하여 고칩니다. 그렇게 원고를 완성합니다. 처음보다 훨씬 낫습니다. 동료 선생님들에게 잘 물어봤다는 생각이 듭니다.

학교 업무도 똑같습니다. 열심히 한다고 했는데 선배 선생님이 좀 더 챙겼어야 할 부분을 알려줍니다. 잘한다고 칭찬받고 싶었는데, 부족한 점을 알게 되면 마음이 쓰립니다. 앞으로 놓치지 않고 잘하겠다고 대답하면서도 '난 왜 거기까지 생각을 못 했을까?' 하는 씁쓸한 생각도 듭니다. 그러나 선배의 충고가 없었다면 다음에도 같은 부분을 놓쳤을 겁니다. 충고는 당장은 불편해도 그 뒤로 성장이 따라옵니다.

저는 충고를 잘 못 합니다. 상대방이 싫어할까 봐요. 상대방이 충고를 통해 성장하는 것보다 저를 싫어할까 봐 두렵습니다. '사람의 마음을 얻어라, 그리고 가르쳐라'라는 교육철학자 토드휘태커의 말이 있습니다. 이 말을 거꾸로 생각해보면 상대에게 신의를 얻지 못한 상태에서 하는 충고는 오히려 독이라는 말입니다. 좋은 마음으로 충고했는데 '저 사람 뭔데 나한테 이래라저래라야?' 하고 기분 나빠할 수도 있습니다. 비난의 화살이 되레 나한테 올 수 있음을 감수하고 충고를 하려면 용기가 필요합니다.

진심 어린 충고를 해주는 사람이 주변에 있다는 것은 복인지도 모릅니다. 누군가가 어렵게 나에게 충고한다면, 그 사람은 내가 잘되기를 바라는 겁니다. 충고에도 애정이 있습니다. MKYU 김미경 강사도 주변에 꼭 두어야 하는 사람으로 추진하는 일에 '와와' 하는 사람보다는 '워워' 하는 사람을 꼽았습니다. 어렵지만 쓴소리도 달갑게 들을 줄 아는 마음을 지닐 필요가 있겠습니다.

1. 다른 사람에게 충고해준 경험이 있나요?
2. 다른 사람의 충고를 들을 때 기분이 어떤가요?
3. 충고를 들은 후 나의 행동에 변화가 생겼나요?
4. 충고는 나에게 어떤 의미인가요?

【 친구들은 이렇게 생각했어요 】

아이들은 의외로 '충고'의 의미를 몰랐습니다. 귀에 거슬리는 이야기는 모두 충고라고 받아들였습니다. "웹툰 작가가 꿈이라면서 그림을 너무 못 그리는 거 아니야? 네 실력으로 될 수 있겠어?" 이런 말은 충고가 아닙니다. 똑같이 귀에 거슬려도 나에게 발전이 되는 말은 충고고 자존감을 깎아내리는 말은 근거 없는 비난입니다. 예를 들어 "웹툰 작가가 꿈이라면 지금보다 연습 시간을 늘려야 하지 않을까?"와 같은 말이 충고입니다.

아침에 주제 글쓰기 공책을 걷었습니다. 한 아이가 다른 친구의 공책을 보더니 얘기합니다. "하진아! 너 맞춤법 틀렸어. 이건 'ㅔ'가 아니고 'ㅐ'야." 하진이가 어떻게 하나 궁금했습니다. "남의 공책을 왜 봐?" 할 줄 알았는데 "아 그래? 그러네. 지금 고칠게" 하고 바로 글을 고칩니다. 고전 글귀를 나누면서 아침의 일화를 얘기해주었습니다. 친구가 맞춤법을 지적했을 때, 두 가지로 반응할 수 있습니다.

첫째, 웬 지적이냐고 따지고 신경 안 쓴다. 둘째, 기억하고 고친다. 친구의 충고에 자기 행동을 시원스레 고쳐나가다 보면 자기에게 발전이 있을 거라고 이야기합니다. 아이들이 평소에 어떤 충고를 듣는지가 궁금해집니다. 그중 수학을 잘하는 두 아이의 이야기가 기억납니다. 수학 시간에 문제를 풀었는데 한 아이는 맞히고 한 아이는 틀렸습니다. 맞힌 아이가 틀린 아이에게 설명해주자 틀린 아이가 끝나고 이렇게 글을 썼습니다. '수학 문제를 틀렸는데 주안이가 설명을 해주었다. 친구 말이 다 맞고 이해가 되는데도 묘하게 짜증이 났다.' 아이의 표현에 공감이 가서 웃었습니다. 이 친구는 분수 문장제 문제 '나머지의 1/3'에서 '나머지'의 의미를 놓쳐서 실수를 했습니다. 맞힌 친구는 '나머지'라는 말을 잘 생각하라고 충고했습니다. 교사가 알려줬으면 아무렇지 않았을 텐데 문제를 맞힌 친구가 설명하니 '흥칫뿡'의 마음이 된 거겠지요. 그래도 앞으로 '나머지' 문제는 절대 틀리지 않을 겁니다.

이제 1교시 수업 시간이 다가옵니다. 다소 극단적인(?) 이야기로 마무리를 짓습니다. "충고 듣기 싫죠? 선생님도 싫어요. 그런데 선생님이 이렇게 말한다고 해봅시다. '숙제를 안 해 왔구나. 잘했다. 귀찮을 수 있지.' '주변 정돈을 안 했네. 귀찮은데 뭐 어때.' '복도에서 뛰는구나. 더 뛰어라 더 뛰어!' '오늘 미세먼지 '나쁨'이네. 그런데 축구가 하고 싶다고? 그래, 가서 실컷 해라!' 상상만 해도 재밌나 봐요. 선생님이 그러면 진짜 웃기겠답니다. 그런데 계속 그러면 직무 유기랍니다. 복도를 뛰면 재밌겠지만 다칠 수 있고, 미세먼지도 우리 건강과 직결되고, 자기 자리를 정리하지 않으면 차분한 교실 환경을 만들기 어렵죠. 충고에도 다 나름의 이유가 있습니다. 학생들을 괴롭히려고 하는 말은 아닙니다. 아이들도 이미 다 아는데 생각과 행동이 같지 않을 뿐입니다. 어른들이 그렇듯이요. 누군가 충고를 한다면 한 번쯤 '나를 위해' 생각해보기로 했습니다. 결국 '선생님과 부모님 말씀이 귀에 거슬려도 잘 듣자'라는 충고로 강제 마무리를 하고 맙니다. 아이들이 제 맘을 이해해주겠죠?

〖 마음에 깊이 담기 〗

　《소학》 제5편에서는 "오늘날 사람들은 자기가 잘못해도 남이 충고하는 것을 좋아하지 않는다. 마치 병을 숨기고 의사를 미워해 몸이 죽게 되는데도 깨닫지 못하는 것과 같다"라고 합니다. 충고를 몸의 병을 낫게 하는 약으로 비유했습니다. 아프면 의사가 처방을 내려줍니다. 처방에 맞추어 약도 잘 먹고 생활 습관도 개선하면 몸이 낫지요. 주변 사람에게 충고를 들었다면 내 마음의 안 좋은 부분을 고쳐주었다고 생각해봅시다. 충고해준 사람에게 기분 나쁜 마음보다는 감사한 마음이 자랄 수 있도록 이 글귀를 함께 소개해주세요.

친구의 험담을 들었어요

✳

여러 사람이 미워한다 해도 반드시 잘 살펴보아야 하며,

여러 사람이 좋아한다 해도 반드시 잘 살펴보아야 한다.

—《논어》제15편 위령공(衛靈公)

인간관계에 있어서 한쪽으로 치우치지 않고 공정하게 판단

250

할 수 있는 마음가짐에 대한 이야기입니다. 누군가를 알기 전에 친한 사람이 다가와 말합니다. "쟤는 별로야. 친해지지 않는 게 좋을 거야." 친한 지인이 말하면 선입견이 생길 수 있습니다. 물론 성인이라면 그런 말을 들어도 앞에서 티를 내지는 않겠죠. 그 사람과 가까이 지내보지 않았기도 하고, 들리는 말과 다르게 괜찮은 사람일 수도 있으니까요. 평판은 옳을 수도 있고, 잘못될 수도 있습니다. 그러므로 다른 사람의 말만 듣고 단정 짓기보다는 스스로 겪어보고 판단해야 합니다.

아이에게 사회심리학의 선구자 솔로몬 애쉬의 동조 실험 이야기를 들려주세요. 솔로몬 애쉬는 대학 캠퍼스에서 실험 참가자를 모집했습니다. 애쉬는 팀당 6~8명의 지원자를 초대하여 실험했는데, 그중 다수는 실험 협조자였고 오직 한 명만이 진짜 실험 대상자였습니다. 실험은, 기준이 되는 세로줄과 길이가 같은 선을 찾는 간단한 내용이었습니다. 답도 비교적 명확했습니다. 그런데 여러 명의 실험 참여자들이 일부러 오답을 말합니다. 그랬더니 나머지 한 명도 함께 오답을 말하기 시작합니다. 결과로 보면 75퍼센트의 피실험자가 적어도 한 번 이상 잘못된 선택을 합니다. 즉, 본인이 스스로 오답임을 알면서도 다수의 생각에 동조하는 것이죠.

사람은 집단에 크게 영향을 받는 존재라서 자기와 가까이 있는 사람들을 믿고 자연스레 동조합니다. 동조 실험에서도 알 수 있듯이 여러 사람이 정답이라고 했지만, 오답이었습니다. 여러 사람이 비난했다고 해서, 여러 사람이 칭찬했다고 해서 절대적으로 옳은 것은 아닙니다.

이번 글귀에서 아이들이 생각해야 할 점은 무엇일까요? 어떻게 하면 다른 사람의 말에 휘둘리지 않고 자신의 주관에 따라 올바른 선택을 할 수 있을까요? 다른 사람의 이야기에도 귀 기울여야 하지만 스스로 중심을 잡고 상황을 볼 줄도 알아야 합니다. 아이의 생각을 들어봅시다.

〖 아이와 나눌 질문 〗

1. 친한 친구가 모르는 친구의 험담을 합니다. 어떤 생각이 드나요?
2. 여러 사람이 한 친구를 험담합니다. 나는 어떻게 행동하는 게 좋을까요?
3. 친구의 말에 좌지우지하지 않고 스스로 주관을 세우는 방법은 무엇일까요?

【 친구들은 이렇게 생각했어요 】

친구에게 말하듯 연기하면서 앞에 앉은 아이에게 물었습니다. "야야야~, 라율이 진짜 별로지 않아? 넌 어때?" 맨 앞에 앉은 아이가 배시시 웃습니다. 모르는 친구인데, 친한 친구가 별로라고 하면 자기도 같이 싫어지는 사람은 손 들어보라고 했습니다. 두 명이 손을 듭니다. 생각보다 적습니다. 친구들이 대부분 손을 안 드니까 손 들기가 껄끄러운 건 아닐까요? 애쉬의 동조 이론이 여기서도 나오네요. 아니나 다를까 한 남학생이 외칩니다. "에이~ 너희 거짓말하지 마! 실제로 안 그렇잖아!"

친한 친구의 말에 선입견이 생기는 것은 당연한 일입니다. 특히 영향력 있는 아이가 특정 아이를 싫어하면 아이들 사이에서 일파만파 퍼집니다. 상황이 심해지면 은근한 따돌림이 됩니다. 인기 많은 친구가 싫어하는 친구는 나와는 아무런 관련이 없습니다. 서로 사이가 나쁠 만한 일도 없습니다. 그런데 괜히 그 아이와 친해졌다가 나까지 별로인 아이라고 취급받을까 봐 꺼려집니다. 꺼리는 친구가 대다수가 되고 방관하는 학생이 많아지면 사태가 심각해집니다. 따라서 이러한 상황은 사전에 지도해야 합니다.

또한 친구가 싫더라도 당사자가 없는 곳에서 친구의 험담을 공공연히 하는 것은 엄연히 학교 폭력입니다. 나의 주관과 상관없이 친구의 말만 절대적으로 믿는 행동, 친구를 함부로 험담하는 행동 모두 다 같이 생각해볼 문제입니다.

한 아이가 오늘의 《논어》 글귀를 참신하게 해석했습니다. 글에 '나를'을 넣어서 해석한 겁니다. 다시 공자의 글을 읽어봅니다. "여러 사람이 '나를' 미워한다 해도 반드시 잘 살펴보아야 하며, 여러 사람이 '나를' 좋아한다 해도 반드시 잘 살펴보아야 한다"라고 썼습니다. 그리고 이렇게 말합니다.

"인기가 많아서 다른 사람들이 '나를' 다 좋아한다고 하더라도 혹시 조심할 일은 없는지, 인기를 믿고 다른 사람들에게 기고만장하게 행동하지 않는지 살펴볼 것이며, 다른 사람이 '나를' 미워한다고 하더라도 정말 내가 미워할 만한 행동을 했다면 고칠 점을 찾아보고, 그렇지 않다면 누가 뭐래도 나는 괜찮은 사람이라고 스스로 위로합니다."

아! 감탄했습니다. 발표를 통해 아이가 가진 내면의 힘을 발견합니다. 결국 오늘 《논어》의 글귀에는 타인이 아닌 나를 돌아보고 바르게 행동하라는 교훈이 담겨 있었습니다. 이번에도 아이를 통해 배웁니다.

친구의 나쁜 점을 여기저기 퍼뜨려 친구의 평판을 나쁘게 만드는 행동은 지도가 필요합니다. 타인의 험담을 많이 하면 타인의 평판도 나빠지겠지만 자신에게도 좋지 않습니다. 험담을 많이 하는 사람의 이야기를 듣다 보면 저 친구는 내가 없는 자리에서는 나를 험담하겠구나 싶어 신뢰가 생기지 않습니다. 《명심보감》 제5편 정기(正己)에서는 "다른 사람을 헤아리려면 먼저 스스로를 헤아려라. 남에게 상처 주는 말이 도리어 자신을 해치고, 피를 머금어 남에게 뿜으려면 먼저 자기 입이 더러워진다"라고 합니다. '피를 머금어 남에게 뿜으려면 내 입이 먼저 더러워진다'라는 말의 의미를 깊이 생각해봅니다. 친구의 나쁜 평판보다 좋은 평판을 만들어주는 데 주력하면 어떨까요? 친구의 좋은 점이 있다면 여러 사람과 나누어봅시다. 아이가 향기로운 꽃을 담은 이야기로 서로를 빛나게 해줄 수 있도록 이 글귀를 소개해주세요.

윗사람이 중요한가요?

〖 오늘의 글귀 〗

그 임금에 대해 알고 싶다면 먼저 그의 신하를 보라.

그 사람에 대해 알고 싶다면 먼저 그의 친구를 보라.

그 부모에 대해 알고 싶거든 먼저 그의 자식을 보라.

임금이 성군이면 그 신하가 충성스러운 법이다.

아버지가 인자하면 그 아들이 효성스러운 법이다.

―《명심보감》제12편 성심(省心)

아이에게 떠오르는 속담이 있는지 물어봅시다. '윗물이 맑아야 아랫물이 맑다'라는 문장이 생각납니다. 윗사람이 본보기가 되면 아랫사람도 잘한다는 뜻입니다. 연구에 따르면 행복 지수 또한 50퍼센트가 유전이라고 합니다. 말 습관, 삶에 대한 태도, 취미, 전공 등 부모의 모든 것은 자식에게 영향을 미칩니다. 하물며 학교에서도 "애들이 담임 닮아서 그렇다"라는 우스갯소리도 있습니다. 1년이라는 시간을 함께 있으니 담임과 학생 또한 닮아갑니다.

아이들은 가까이 있는 사람을 모방합니다. 좋아하는 사람이 생기면 자기도 모르게 따라 하지요. 이 글을 읽으며 부모와 교사로서 모범을 보여야겠다고 생각했습니다. 아이들에게도 자기 행동이 친구나 동생에게 영향을 미칠 수 있으니 바른 행동을 하자는 취지로 소개하였습니다.

아이와 함께 무의식적으로 윗사람을 따라 한 경험이 있는지 이야기해봅시다. 여기서 주의 사항이 있습니다. 윗사람을 따라 할 때는 주체적인 자세가 필요합니다. 부모님이라도 본받을 만한 행동이면 본받고 그렇지 않으면 본받지 말아야 합니다. 좋아하는 친구의 행동이라도 친구의 행동이 옳은지 그른지 판단하고 따라 해야 합니다.

공자도 세 사람이 길을 걸어간다면 그중에는 반드시 나의 스승이 될 만한 사람이 있다고 했습니다. 요지는 그들에게서 좋은 점을 가리어 본받고, 좋지 않은 점은 따라 하지 않아서 자신을 바로잡는 데 있습니다. 맹목적으로 누군가를 따라 하기 전에 옳은 행동인지 아닌지 스스로 판단하는 힘을 길러야 합니다. 바른 행동이 나와 내 주변 사람을 지키는 방법입니다.

【 아이와 나눌 질문 】

1. 부모님이나 친구 행동을 따라 한 적이 있나요?
2. 본받아야 할 행동과 본받지 말아야 할 행동을 구별해봅시다.
3. 오늘 고전 글귀에 대해 어떻게 생각하나요? 자신의 생각과 같나요?

주변에 뛰어난 윗사람이 있을 때 아랫사람도 그럴 거라 짐작하고 우대하는 경우가 있습니다. 후광 효과라고 하는데요. 아이가 쓴 아래 글을 보며 후광 효과에 대해 다르게 생각하게 되었습니다. 아이의 글을 살펴보겠습니다.

> 이 구절은 공감도 되면서 되지 않기도 했다. 끼리끼리 논다는 말이 맞기도 하고 그 사람을 알고 싶으면 친구를 보라는 말은 공감이 가는데 다른 것은 공감이 되지 않았다. 왜냐하면 부모나 윗사람이 나쁘면 그 아랫사람까지 똑같이 평가받는 것이 이해가 안 갔기 때문이다. 아버지가 좋지 않아도 아들이나 딸은 좋을 수도 있고 부모가 좋아도 아이가 나쁠 수 있다.

글을 읽는 순간 현기증이 났습니다. 아이가 맑은 눈으로 우리 사회가 가진 편견을 꼬집는 글입니다. 제가 교사 5년 차 때의 일입니다. 반에 행동이 느린 아이가 있었습니다. 알림장을 쓰고, 책을 꺼내고, 학습할 때 다른 아이보다 두 배 이상 오래 걸리는 아이였습니다.

어느 날 출장이 잡혀서 전담 선생님이 수업을 대신 맡아주었습니다. 며칠 뒤 전담 선생님과 대화하는데 "그 아이 머리는 좋은데 행동이 느리더라"라고 말씀하셨습니다. 좀 의아했습니다. '느린 거야 그렇다 치고, 머리 좋은 건 어떻게 아셨을까? 혹시 부모가 의사인 걸 명부에서 보셨나?' 예전에는 부모 직업이 아동 명부에 적혀 있었습니다. 그런데 이 또한 제 편견일 수 있지요. 전담 선생님은 하루 동안 아이의 똘똘한 점을 발견하고 말씀하셨을지도 모르니까요.

살다 보니 후광 효과도 무시할 수 없습니다. 뒷배경이 좋으면 그 사람도 좋아 보입니다. 제대로 알아보지도 않고 배경으로 사람을 판단하죠. 그런데 후광이 전부는 아니에요. 부모가 인자하면 아들이 효성 깊을 확률이 높을 수는 있지만 다 그런 것은 아니고, 아들이 훌륭하다고 모든 부모가 다 훌륭한 것도 아닙니다. 같은 논리로 부모의 환경이 어둡다고 해서 무조건 그 자녀가 나쁘다고 생각하면 그거야말로 편견입니다. 흑백 논리로 고전을 해석하면 안 됩니다. 아이는 이 부분을 지적한 거예요. 당연하게 생각했던 사실도 조금만 달리 보면 생각할 거리가 있습니다. 스스로도 반성했고, 아이에게도 칭찬을 많이 해줬습니다.

　앞에서 말한 후광 효과는 배경이나 조건을 말하지만《동몽선습》총론에서는 이보다 더 강력한 후광 효과를 말하고 있습니다. "그 사람의 됨됨이나 행실이 착한지, 착하지 않은지를 보고자 하면 반드시 먼저 그 사람이 효도하는지 하지 않는지를 볼 것이다. 이 어찌 두렵고 조심스러운 일이 아니겠는가?"

　다른 사람을 거슬리게 하면 부모가 욕되고, 자주 다투면 부모에게 걱정을 끼칩니다. 사람의 됨됨이는 부모에게 어떻게 하는지만 봐도 알 수 있습니다. 부모를 공경하는 아이들은 학교에서도 규칙을 잘 지키고 즐겁게 잘 지낼 확률이 높고, 사회생활도 잘하겠지요. 부모와의 관계는 주변 사람들과 맺는 관계의 연장선이니까요. 진정한 후광 효과는 윗사람 자체가 아니라 윗사람을 대하는 자신의 태도에 있습니다.

친구 관계가 고민이에요

유익한 벗이 셋이 있고 해로운 벗이 셋이 있다. 정직한 사람을 벗하고, 성실하고 신의가 있는 사람을 벗하고, 보고 들은 바가 많은 사람을 벗하면 유익하다.

앞에서는 잘하지만 뒤에서는 비방하는 사람을 벗하고, 아첨 잘하는 사람을 벗하고, 말만 잘하는 사람을 벗하면 해롭다.

―《논어》 제16편 계씨(季氏)

김혜정의 판타지 소설《오백 년째 열다섯》에는 등장인물 령이 "한 사람을 만나면 새로운 삶이 시작된단다"라고 말하는 장면이 나옵니다. 그만큼 곁에 있는 사람이 중요합니다. 곁에 누가 있느냐에 따라 나의 모습도 달라지지요. 혹시 관계 때문에 힘들다면 주변 사람들을 떠올려봅시다. 함께 있으면 유난히 에너지가 소모되는 사람이 있어요. 흔히 에너지 뱀파이어라고 하죠. 정신과 전문의이자 UCLA 임상 교수인 주디스 올로프가 처음 사용한 말이에요. 매사에 자기 이야기만 쏟아내거나 냉소적인 태도를 보이며, 불평불만으로 가득한 얘기만을 늘어놓아 상대의 긍정적 에너지를 빼앗아 가는 사람을 말합니다. 이런 사람과 오랫동안 함께 있으면 우울해지고 부정적인 감정에 휩싸입니다. 이는 신경심리학자 자코모 리촐라티 연구팀이 명명한 '거울 뉴런'과 관련이 있습니다. 부정적 감정이 거울처럼 비춰 전염되는 것이죠. 그래서 공자도 가까이 지내는 친구를 난초와 생선 가게로 비교하며 신중하라고 말합니다.

초등학교 4학년이 되면 친구 관계도 중요해집니다. 좋은 친구도 사귀지만 나와 잘 맞지 않는 친구와도 만나게 됩니다. 여학생의 경우 학기 초에 무리가 형성됩니다. 한번 무리가 형성되면 다른 친구와 사귀고 싶어도 무리에서 빠져나오는 것이 부담스러워 억지로 같이 다니게 되는 일도 있습니다. 친구들이 은근히 무시하거나 따돌리는 것 같은데도 섣불리 화를 냈다가는 무리에서 떨어져 나올 것 같아 불안합니다. 친구 그룹에 끼지 못하느니 상처받으면서 억지로 같이 다니는 걸 선택하죠.

공자가 유익한 벗과 해로운 벗을 구별한 것처럼 아이의 기준으로도 좋은 친구와 그렇지 못한 친구를 나누어봅시다. 진정한 친구는 친구가 힘들 때 위로하고 같이 슬퍼합니다. 친구가 잘될 때 진심으로 축하해주고, 친구의 부끄러운 점이나 약점을 일부러 들추지 않습니다. 함께 있으면 편안하고 즐겁습니다. 나쁜 친구는 친구가 나보다 잘하는 점이 있으면 시기 질투하고 괴롭힙니다. 상대를 쉽게 무시하거나 험담합니다. 친구에게 과한 부탁을 하거나 부탁을 들어주지 않으면 토라지거나 말을 하지 않습니다. 자기 기분에 따라서 친구를 대하는 태도도 달라집니다.

만약 아이의 곁에 해로운 친구만 있다면 아이에게 거리를 두라고 조언해주세요. '그 아이와 놀지 마'라고 말하는 것이 아니라 친구 사이가 힘들면 꼭 같이 다니지 않아도 된다고, 친구 사이가 소원해져도 괜찮다고 말이죠. 아이를 지도할 때 항상 하는 말에 '혼자도 괜찮다'가 있습니다. 꼭 친구가 있어야만 내가 빛나는 것은 아닙니다. 나와 맞는 친구가 없다면 혼자여도 됩니다. 친구 때문에 전전긍긍하며 내가 하찮아지면서까지 친구 무리에 있을 필요는 없습니다. 오히려 그것이 무리에서 더 자기 자리를 없애는 행동입니다. 반 아이들의 교우 관계를 유심히 관찰해본 결과 혼자로 잘 지내다 보면 어느새 친구가 생깁니다. 또 반이 바뀌면 친구도 바뀝니다. 그 해, 그 학년, 꼭 그 무리의 친구들에게 집착할 필요가 없습니다. 사랑하는 부모님이 있고 지켜봐주는 선생님이 있으니까요. 아이가 자기만의 고유한 빛을 잃지 않도록 지지하고 응원해주세요.

[아이와 나눌 질문]

1. 유익한 친구의 특성과 해로운 친구의 특성을 나누어 기록해볼까요?
2. 위에서 쓴 특성과 나의 모습을 비교해봅시다. 나는 어떤 친구에 가깝나요?
3. 유익한 친구가 되기 위해서 노력할 점이 무엇인지 생각해볼까요?

4. 주변 친구 중에 유익한 친구가 있다면 그 친구의 특징을
   써봅시다.

〔 친구들은 이렇게 생각했어요 〕

아이들은 친구를 사랑합니다. 우리 반 아이들에게 물었더니
자기와 가까운 친구는 모두 유익한 친구라고 자신 있게 말하
네요. 아침에 공자의 글을 쓰고 나서, 우리 주변의 유익한 벗을
찾아보자고 했습니다. '보석 노트'를 검사하다 보니 남학생 한
명이 반 친구 이름을 한 명도 빠짐없이 쓰고 그 옆에 장점을 가
득 써두었습니다. 아침 수업 전이라 시간이 짧았는데도 말이에
요. 친구의 장점을 볼 줄 아는 아이가 참 예쁩니다. 아이가 쓴
걸 반 아이들에게 또박또박 읽어주었습니다. 칭찬받은 친구들
의 눈 하트가 그 아이에게 쏟아집니다. 칭찬한 아이와 칭찬받
은 친구들 모두 기분 좋게 하루를 시작합니다.
주변 사람도 중요하지만 아이가 어떤 집단에 속해 있느냐도
중요합니다. 매년 새로운 반의 담임을 하는데 똑같은 활동을
해도 해마다 다릅니다. 새로운 활동을 시작할 때마다 힘든 반
이 있고, 무엇을 해도 다 잘되는 반이 있습니다. 부정적인 감정

이 전염되듯이 긍정적이고 활기찬 기운도 연결됩니다. 올해는 2학기 학습 발표회로 반 아이들이 춤을 준비했습니다. 연습하는 동안 박자에 맞게 대형을 맞추느라 무던히 애를 썼습니다. 발표회 날, 드디어 우리 반 차례가 되었습니다. 틀리면 어쩌나 걱정하는 마음에 아이들이 무대에 올라가며 무척 긴장을 했어요. 그때 한 아이가 말합니다. "애들아 우리 신나게 하자."

'우리 잘하자'보다 '신나게 하자'는 말에 아이들이 모두 파이팅을 외칩니다. 짧은 순간이었지만 긍정적으로 즐기는 에너지를 서로 주고받습니다. 각자의 주파수가 연결되는 느낌이랄까요. 순간적으로 마음이 뭉클합니다. 아이에게 영향을 미치는 것은 작게는 친구 몇 명이지만 크게 보면 집단입니다. 좋은 분위기의 교실을 만들기 위해 아이들과 교사 모두 노력해야 합니다.

아이들은 살면서 다양한 친구를 만납니다. 진정한 친구를 만나고 힘든 친구도 만나겠지요. 또 아이들은 누군가의 친구도 됩니다. 앞에서 유익한 친구와 해로운 친구를 나누었습니다. 반 아이들에게 나 자신부터 좋은 친구가 되자고 얘기합니다. 서로가 서로의 유익하고 좋은 친구가 되자고 약속합니다.

"내 주변에 멋진 벗이 많다. 그리고 나도 멋진 벗이다."

《공자가어》 육본(六本)편에서 공자는, "착한 사람과 함께 있으면 난초가 있는 방에 있는 것과 같아서 시간이 한참 지나면 그 향기를 맡지 못하지만 그와 같게 되고, 나쁜 사람과 함께 있으면 생선 가게에 있는 것과 같아서 시간이 한참 지나면 그 냄새를 맡지 못하지만 그와 같게 된다"라고 하였습니다. 모든 친구는 스승입니다. 친구의 착한 점을 보면 친구의 착한 점을 본받습니다. 친구의 나쁜 점을 보면 내게도 그런 모습이 있는지 살피고 고칩니다. 그러다 보면 좋은 사람이 될 수 있습니다. 아이가 난초와 같은 향기를 품은 사람이 될 수 있도록 공자의 글귀를 함께 낭독해봅시다.

부모님을 사랑하지만 자꾸 부딪쳐요

【 오늘의 글귀 】

아버님 나를 낳으시고 어머님 나를 길러주셨네.

아아 부모님이시여! 나를 낳아 기르느라 수고하고 애쓰셨

다네. 그 큰 은혜를 갚으려 해도 하늘처럼 높고 높아 끝이

없다네.

—《명심보감》제4편 효행(孝行)

아이와 지내다 보면 종종 부딪치는 경우가 있습니다. 아이
도 자기 생각이 있으니까요. 아이의 의견을 존중하고자 노력하
지만 그렇다고 아이 뜻대로 모두 해줄 수는 없습니다. 아이는
아직 어리고 커가는 단계이기 때문에 성인인 부모보다 미숙한
결정을 하기가 쉽습니다. 아이는 하기 싫어도 해야 하는 일이
있다는 것도 알아야 하고, 다른 사람의 입장도 배려할 줄 알아
야 합니다. 아이가 성인이 될 때까지 부모가 조력하는 과정에
서 아이와 부모의 갈등은 필연적이라 볼 수 있습니다. 어떻게
하면 좋을까요?

아이의 기질에 따라 갈등이 쉽게 해결되기도 하지만, 작고
사소한 일도 오랜 시간 힘든 경우가 있습니다. 부모가 아이에
게 원하는 건 아주 작은데 그조차 지도가 안 될 때는 부모도 우
울합니다. 유난히 갈등이 컸던 날은 아이가 어떻게 크든 그냥
놓아버리고 싶기도 하고요. 아이를 사랑하지만 너무 힘들 때는
아이가 밉기도 합니다. 아이를 바라보는 마음이 사랑으로 차오
르는 데 시간이 필요할 때도 있어요. 그러나 누군가가 이 갈등
을 대신 풀어줄 수는 없습니다. 아이와 부모가 함께 풀어나가
야 합니다.

아이에게 너무 욕심을 부린 것은 아닌지, 나에게는 사소하지만 아이에게는 부담이지는 않은지, 아이의 입장을 배려하지 않은 것은 없는지, 아이에게 말하는 화법이나 태도가 어땠는지 돌이켜봅니다. 무엇보다 아이와 부딪치더라도 꼭 지도해야 하는 것은 무엇인지 생각합니다.

이것저것 너무 어려울 때는 처음으로 돌아가봅니다. 아이가 밝고 건강하게 잘 크고 있습니다. 서로 언짢은 일이 있었다고 해도 언제 그랬냐는 듯 해사한 얼굴로 사랑한다고 고백합니다. 모든 것이 감사합니다. 당연한 것을 꺼내어 다시 보면 마음이 좋아지고 새롭게 아이와 잘해볼 마음이 생깁니다.

이번 주제에서《명심보감》효행 편의 글을 가져온 이유는 아이와 처음의 마음으로 돌아가기 위해서입니다. 아이와 부딪쳐서 부모가 힘들 듯, 부모와 부딪쳐서 아이도 힘듭니다. 그럼에도 아이는 부모를 정말로 사랑해요. 엄마 아빠 이야기가 나오면 아마 하루 종일이라도 얘기할 수 있을 겁니다. 당연히 부모와 부딪칠 수 있지요. 우리 어른들도 어릴 때 그랬듯이, 우리 아이도 그렇습니다. 변하지 않는 사실을, 본질적인 부분을 꺼내어 음미하면 다시 힘이 생깁니다. 고전의 글귀를 함께 읽으며 부모님의 입장도 헤아려보고 부모님의 애씀에도 감사하는 마음을 가져봅니다.

아울러 《논어》 제4편 리인(里仁)에서는 "부모를 섬기는 일에는 부모의 잘못된 점을 섬세하게 간언해야 한다"라고 합니다. 여기서 '섬세하게'는 공손한 태도와 부드러운 어투입니다. 부모가 아이에게 화나는 포인트는 아이가 원하는 바를 짜증스럽게 얘기하거나 예의 없이 말할 때입니다. 의견이 다를 때 언성이 높아지면 문제가 해결되기는커녕 마음만 상하지요. 부모와 아이 모두 의견이 다를 때는 자신의 이야기를 부드럽게 이야기해보기로 약속합시다.

〖 아이와 나눌 질문 〗

1. 부모님과 가장 자주 부딪치는 순간이 어떤 때인가요?
2. 부모님의 입장에서 한번 생각해볼까요? (부모님도 아이의 입장을 들어주세요.)
3. 부모님의 사랑을 느낄 때는 언제인가요?
4. 부모님께 바라는 점이나 함께 나누고 싶은 이야기가 있나요?

고학년 아이들은 사춘기가 겹치면서 학습이든 생활이든 여러모로 부모와 갈등이 많습니다. 반 친구들이 가정에서 어떤 일을 겪고 있는지 궁금했습니다. 부모님과 언제 주로 부딪치는지 물었습니다. 아이들이 할 말이 많은지 서로 말하겠다고 합니다. 폭풍 지지를 얻은 세 가지를 추려 말씀드립니다.

오늘은 아이를 좀 대변하겠습니다. 첫째는 취향을 존중해달랍니다. 특히 옷 고를 때요. 발표하자마자 "선생님! 저기다 밑줄, 별표 좀 쳐주세요. 제발요!"라며 난리입니다. 두 번째로 자기편을 들어달랍니다. 친구랑 싸워서 위로가 필요할 때 부모님들은 항상 친구 편만 든답니다. '너에게도 잘못이 있으니까 그렇겠지!' 부모님의 말투도 그대로 흉내 냅니다. 부모님이 자신의 억울함을 먼저 이해해주고 따뜻하게 말해줬으면 좋겠답니다. 세 번째로 믿어달랍니다. 방에서 공부하다가 시간이 궁금하거나, 확인할 게 있어서 휴대폰을 보고 있으면 딱 그 타이밍에 나타나 '공부는 안 하고 휴대폰 보네!'라고 말한답니다. 어떻게 그 순간에 부모님이 문을 여는지 신기할 정도라네요. 연필 사각사각 소리 내는 팁(?)까지 전수하는 상황이 벌어집니다.

이러면 안 되겠다 싶습니다. 슬슬 부모님을 대변할 때입니다. 이번 글귀를 함께 읽습니다. 대충 읽으면 익숙하다 할 수 있는 글이지만 곱씹어 읽으면 가슴을 울리는 글입니다.

"선생님은 선생님이 모르는 아이가 공부를 안 하거나 휴대폰을 볼 때는 아무렇지 않은데, 우리 반 친구나 선생님 아이가 그러면 속상하더라고요. 제대로 알려줘야 할 것 같고, 화도 나고. 이 마음은 어디서 오는 걸까요?"

한 아이가 손을 듭니다. "사랑이요." (이렇게 빠른 답을 기대하지는 않았는데 정답을 말해준 아이의 센스에 고마웠습니다.) "사랑하니까 잘못된 점과 해야 할 일을 알려주고 싶은가 봐요. 선생님도 그렇습니다." 이 분위기를 틈타 부모님의 사랑을 가장 많이 느낄 때가 언제인지 물어봅니다.

먹거리와 관련된 내용이 가장 많습니다. 감사 일기를 쓰다 보면 '밥을 주셔서 감사하다'라는 이야기가 3분의 2가 넘습니다. 처음에는 쓸 말이 없어서 그러나 했는데, 아닙니다. 생계와 직결되는 부분이라 그런지 먹거리는 부모님께 감사한 순간 1위입니다. 그리고 아프면 걱정해줄 때, 손 편지 써줄 때, 인생 이야기를 해줄 때, '우리 애기'라고 불러줄 때, 따뜻하게 안아줄 때, 갖고 싶은 물건 사 줄 때 등도 있었습니다. 발표를 듣고 있자니 마음이 몽글몽글합니다. 게리 채프먼의 《5가지 사랑의 언어》가 아이에게도 적용되네요. 사랑의 유형에는 인정하는 말,

함께하는 시간, 선물, 봉사, 스킨십, 이렇게 다섯 가지가 있는데 아이들에게도 다섯 가지 유형이 골고루 보입니다. 우리 아이가 어떤 사랑의 유형을 선호하는지 생각해봅시다.

'사춘기'는 가정마다 나름의 이야기가 있습니다. 사람은 누구나 사춘기를 지나니까요. 아이들은 부모와 어쩔 수 없이 부딪치지만, 부모를 사랑합니다. 인정받고 싶어 하고요. 대화를 통해 부모와의 갈등 이면에 결국 '사랑'이 있음을 느끼는 시간이 되기를 바랍니다.

〔 마음에 깊이 담기 〕

아이들에게 꼭 읽어주고 싶은 고전 《채근담》 133장에는 이런 글귀가 있습니다. "어버이가 자식을 사랑하고 자식이 어버이께 효도하며 형이 아우를 아끼고 아우가 형을 공경하는 마음이 정성스러울지라도, 그것은 마땅히 그렇게 해야 하는 것이므로 조금이라도 감격스럽게 생각할 것이 못 된다." 아이가 순간적으로 화가 나서 문을 '쾅' 닫고 들어갈 때도 있습니다. '엄마가 뭔데!' 하고 토라져서 한참 동안 말을 안 할 때도 있지요. 부모는 자식을 사랑하는 마음으로 기다려주고 감싸줍니다. 마찬가지로 자식도 부모에게 감사한 마음을 가지고 효도해야 합니다. 부모에게 효도하고 형제와 우애 있게 지냄은 잘해냈더라도 감격할 일이 아닙니다. 당연한 겁니다. 사람의 도리니까요. 이 글귀를 읽으며 효도는 꼭 해야 하는 일임을 아이에게 알려 주세요.

친구가 내 마음을 몰라줘요

다른 사람을 사랑하는데도 그가 나를 가깝게 여기지 않을 때
는 자신의 사랑하는 마음을 반성해보고, 다른 사람을 다스리
는데도 다스려지지 않을 때는 자신의 지혜를 반성해보고, 다
른 사람에게 예로 대하는데도 상응하는 답례가 없을 때는 자
신의 공경하는 마음을 반성해야 한다. 어떤 일을 하고서 기대
하는 결과를 얻지 못하면 모두 돌이켜 자신에게서 그 원인을
찾아야 한다. 자신이 바르면 세상 사람들이 다 그에게로 돌아
온다.

—《맹자》이루(離婁) 상

세상 모든 일이 내가 바라는 대로 될 수 있나요? 그렇지 않을 때가 더 많습니다. 친구 사이도 마찬가지입니다. 내 아이가 친해지고 싶은 친구가 있는데 상대 친구는 그렇지 않을 수 있고, 아이가 잘해주는 만큼 친구가 응답하지 않을 수 있습니다. 그럴 때마다 속상한 마음이 듭니다.

누구나 한 번쯤은 친구와의 관계에서 미묘한 감정을 느껴봤을 겁니다. 아이의 기질에 따라 대응 방식도 다릅니다. 좋아하는 친구가 자기를 안 좋아하더라도 다른 친구와 잘 지내는 아이가 있고, 좋아하는 친구에게 내내 매달리다가 그 친구가 다른 친구와 친해지면 속상해하는 아이도 있습니다. 이럴 때 부모는 어떻게 도움을 줄 수 있을까요?

먼저 아이에게 어떻게 하고 싶은지 물어봐주세요. 그리고 정성을 쏟은 만큼 결과가 나오지 않을 수도 있다는 사실도 알려줍니다. 이번 글의 핵심은 원인을 자신에게서 찾아보는 태도입니다. 친구가 아이를 불편해한다면 왜 그런지 생각해볼 필요가 있습니다. 예를 들어서 연락을 너무 자주 한다든지, 친구가 다른 아이와 시간을 보낼 때마다 시기 질투를 한다든지, 너 아니면 친구가 없다고 부담을 주는 등의 모습 모두가 친구를 불편하게 하는 행동입니다. 친해지고 싶은 마음을 표현하는 것은 괜찮지만 나의 행동이 과하다면 친구의 입장을 고려하지 못한 걸 수도 있습니다.

아이의 행동이 적절했는데도 친구와 친해지기 힘들다면 좋아하는 친구가 자신을 좋아하지 않을 수도 있음을 충분히 이해시킵니다. 마음이 맞는 친구를 만날 수 있을 거라고 잘 다독여 주고요. 새로운 친구를 만나기까지 다소 시간이 걸리더라도 자신의 매력과 강점에 집중하는 시간을 갖도록 합니다. 부모가 친구와의 관계에 너무 심각하게 관여하거나 걱정하는 모습을 보이기보다는 아이가 편안하게 여길 수 있도록 얘기합니다.

친구 관계는 시간 단위로 바뀝니다. 전날 상담 전화를 받았는데, 다음 날 아이 스스로 잘 해결할 때도 많습니다. 아울러 친구관계는 신중하게 접근해야 합니다. 부모가 섣불리 개입하면 역효과가 날 수도 있거든요. 직접 얘기하지 왜 우리 얘기를 엄마에게 듣게 하냐며 상황이 더 악화되는 경우도 있었습니다. 아이를 믿고 관심 있게 살펴주세요. 사랑과 인정의 욕구를 가정에서 듬뿍 채운 아이는 친구 관계에 어려움이 있더라도 곧잘 이겨내고 자신감 있게 생활할 수 있으니까요.

1. 열심히 노력했는데 바라는 결과가 나오지 않을 때가 있었나요?

2. 좋아하는 친구가 나를 좋아하지 않은 경험이 있나요?

3. 친구가 나를 좋아하지 않는다면 어떻게 행동하는 게 좋을까요?

【 친구들은 이렇게 생각했어요 】

《맹자》의 글귀를 통해 건강한 친구 관계를 생각해봅니다. 이번 글귀에도 함축적인 내용이 많이 담겨 있는데요. 그중에서도 두 가지에 집중해봅니다. 첫 번째로 내가 좋아하는 친구가 나를 좋아하지 않는 경우입니다. 친구가 내 마음을 몰라줄 때 내 기분은 어떤지, 그럴 때 나는 어떻게 행동하는지 말이에요. 아이들은 친구와 친해지기 위해 노력합니다. 가장 많이 쓰는 방법이 인사예요. 친해지고 싶은 친구에게 먼저 반갑게 인사를 합니다. 그런데 친구가 데면데면하다면 그냥 포기한다고 해요. 어떤 친구는 뒤끝이 남아서 울면서 친구를 욕한 적도 있다고 하고요. 어떤 아이는 자기도 같이 무시하기도 했대요. 아이들이 제시한 솔루션은 '밝은 표정으로 인사하고 친해지려고 노력하되 안 되면 다른 친구랑 지낸다'입니다.

얘기하다 보니 좀 더 솔직해질 필요가 있을 것 같아서 친해지고 싶은 친구가 있으면 이 자리에서 얘기해보자고 했습니다. 희진이가 손을 듭니다. 세영이랑 친해지고 싶은데, 아무리 잘해줘도 세영이와 친해지기 어렵다고 합니다. 그 얘기를 가만히 듣던 세영이는 의아해했어요. 이미 희진이와 친하다고 생각하고 있었거든요. 아이들은 대화를 통해서 '친함'의 정도가 친구마다 다를 수 있다는 점을 깨닫습니다. 한 아이는 단짝 친구 정도는 되어야 친한 친구라고 생각하고, 어떤 아이는 같이 즐겁게 어울리기만 해도 친한 친구라고 생각하니까요. 이 부분에서 서로 서운한 점이나 오해가 생길 수 있겠다 싶었어요.

두 번째로 친구와 친해지기 어렵다면 자신을 돌아보는 시간을 가져보기로 합니다. 오늘 글귀의 핵심도 모든 문제의 원인을 자신에게서 찾아보라는 것입니다. 그런데 아이들은 친구 관계가 고민이더라도 자기를 돌아보기 어렵습니다. 아이들이 쉽게 접근할 수 있도록, 친구가 나를 귀찮게 할 때는 언제인지, 어떤 친구랑 친해지기 싫은지 등 여러 사례를 풀어냅니다. 아이들이 신나게 발표합니다. 갑자기 화를 내는 친구, 약속을 잡았는데 자주 바꾸는 친구, 돈을 빌리고 갚지 않는 친구, 징징대거나 자주 우는 친구, 짜증이 많은 친구, 친구 험담을 하는 친구 등 다양한 이야기가 나옵니다. 아이들이 쓴 글을 하나하나 읽어주고는 왜 읽었는지 이유를 맞춰보라고 했습니다. "친해지기 싫은 친구 유형에 자기가 포함되는지 알아보라는 거죠?" 아이들 눈치가 백단입니다. 바로 아네요. 스스로 생각해보고 그런 부분이 있었다면 조심하기로 합니다. 아무렇지 않게 하는 행동이 친구에게는 불편한 마음을 갖게 할 수 있으니까요. 《맹자》의 마지막 문장 '자신이 바르면 세상 사람들이 다 그에게로 돌아온다'를 이렇게 바꾸어볼까요. '내가 바르게 행동하면 좋은 친구는 저절로 따라온다.'

〔 마음에 깊이 담기 〕

남찬숙 작가의 《혼자 되었을 때 보이는 것》은 주인공 시원이가 단짝 친구와의 사이가 소원해지면서 반에서 외톨이가 되는 상황으로 시작합니다. 교실에는 여러 그룹이 있고 어떤 그룹에 낄 수 있을지 고민하지요. 단짝 친구와 사이가 멀어진 데에는 시원이에게도 원인이 있습니다. 자신의 잘못으로 인해 친구 관계에 문제가 생겼다면, 다음번에 친구 관계를 맺을 때 차차 수정해나가면 돼요. '의도치 않게 교실에서 혼자가 되었을 때 어떻게 할 것인가?'라는 질문에 대한 답이 이 책에 잘 나와 있습니다.

어려움에 처한 친구가 있어요

✳

순임금은 큰 지혜를 지녔다. 순임금은 다른 사람에게 물어보기를 좋아하고, 다른 사람들이 하는 아주 일상적인 말도 흘려 넘기지 않고 잘 생각해본다. 그는 다른 사람들의 나쁜 점은 묻어주고 좋은 점은 드러내주었다. 그리고 양쪽 모두를 파악하여 그 가운데를 백성을 다스리는 데 사용한다.
이러한 것이 순임금다운 점이다.

—《중용》제6장

【 이렇게 접근하세요 】

  예나 지금이나 어찌 이리 사람 마음은 비슷할까요? 순임금
과 공자 모두 기원전 시대 사람인데 말이죠. 공자는 순임금의
지혜에 대해서 말하고 있습니다. 순임금은 중국 신화에서 중국
을 태평성대로 다스렸다고 전해지는 전설적인 왕입니다. 앞선
요임금과 순임금 시대를 합해 '요순시대'라 일컬으며, 두 임금
은 백성들에게 선정(善政)을 베풀었다고 전해집니다.

  '오늘의 글귀'에서 순임금의 지혜는 무엇일까요? 네 가지를
찾아봅니다. 밑줄을 그어도 좋습니다. 아이와 함께 한 줄 한 줄
음미해봅시다. 첫 번째는 다른 사람에게 묻기 좋아한다고 했습
니다. 자신이 말하는 것보다 저 사람은 어떤 생각을 할지, 상대
의 생각을 더 듣고자 합니다. 두 번째는 일상적인 말도 그냥 넘
기지 않고 잘 생각해보는 것입니다. 세 번째는 친구의 나쁜 점
은 묻어주고 좋은 점은 드러내 함께 기뻐하는 것이며, 네 번째
는 양쪽 이야기를 잘 듣고 중용을 지키는 것입니다.

  이제 학교생활과 순임금의 모습을 겹쳐서 생각해봅니다. 교
실에서 한 친구의 말을 지속해서 무시한다거나 그룹 채팅방에
일부러 한 친구를 초대하지 않는 일이 있을 수 있습니다. 이럴
때 순임금과 같은 친구가 있으면 문제가 깊어지지 않고 자연

스럽게 해결됩니다. 친하게 지냈던 무리에서 다툼이 일어났을 때, 그룹 친구들과 소원해지면서 상대적으로 박탈감과 외로움을 느끼는 친구가 생길 수 있습니다. 그럴 때 그 친구에게 자연스럽게 손 내밀어주는 친구가 있느냐 없느냐는 큰 차이가 있습니다. 내 아이가 친구 사이에서 성장통을 겪고 있을 수도 있고, 순임금처럼 손 내밀어주는 친구일 수도 있으며, 나와 상관없는 일이니까 모른 척하고 넘어가는 아이일 수 있습니다. 이 글귀를 통해 작은 관심이 적게는 반 전체를, 크게는 세상을 따뜻하고 풍요롭게 만들 수 있다고 알려줍시다.

힘들어하던 친구가 내 아이를 통해 적응을 잘해 즐거운 한 해를 보낼 수도 있고, 관계에 힘들어하던 내 아이가 친절한 친구 덕분에 다시 활기차게 학교생활을 할 수도 있습니다. 모든 경우에 지도가 필요합니다. 감성 지수가 높은 사람은 상대의 행동이나 심리 상태를 통해 감정을 먼저 파악하고 그에 맞게 배려하고 행동합니다. 이로 인해 신뢰가 바탕이 되는 인간관계를 맺고 다른 사람에게 호감을 얻습니다. 아이가 순임금과 같은 감성 지능을 가질 수 있도록 《중용》의 글귀를 한 번 더 읽어봅시다.

1. 순임금의 네 가지 지혜를 하나씩 음미해봅니다.
2. 친구가 평소와 다른 모습이 보이면 먼저 관심을 표현하는 편인가요?
3. 어려울 때 친구가 먼저 나에게 다가와준 경험이 있나요?

【 친구들은 이렇게 생각했어요 】

　학교 폭력 예방 교육과 결을 맞추어 지도했습니다. 학교에서는 피해 학생과 가해 학생이 있고, 그 모습을 지켜보는 다른 학생도 있습니다. 폭력이나 왕따 문제는 극명하게 수면 위로 떠오를 때도 있지만 매캐한 공기처럼 반 전체에 짙게 깔린 경우도 많습니다. 이번 수업은 레이프 크리스티안손의 그림책 《내 탓이 아니야》와 함께 일명 '방관자'라고 불리는 반 학생들의 이야기로 시작했습니다. 그림책 속의 아이들은 쉬는 시간에 학교 폭력이 일어나고 있음을 알고도 모른 척합니다. '사실 난 알고 있어. 그렇지만 내 탓이 아니야!'라고 일관하죠. 거꾸로 물어봅니다. 정말 아무런 책임이 없는 걸까요?

아이들의 생각을 들었습니다. 친구가 어려움에 처했을 때는 선생님과 부모님께 도움을 요청하고 친구에게 관심을 가져야 한다고 말합니다. 아이들은 도덕적인 내용으로 발표하기를 좋아합니다. 핵심도 잘 찾고요. 다만, 중요한 것은 실천이겠죠. 실천으로 어떻게 연결 지으면 좋을까 고민하다가 1인 1역할에 이 부분을 반영했습니다.

'반 친구에게 관심 갖기'를 1인 1역할로 만들었습니다. 어울리는 역할 이름을 정하라고 했는데 한 아이가 '다정남'이라고 짓습니다. '다정남' 친구는 회장으로 자처하더니 곧 구인 광고를 냅니다. 친구와 다투었거나 기분이 울적해 보이는 친구가 있을 때 먼저 말을 걸어주는 일입니다. 서류 심사도 있고 면접도 보고 인턴 기간도 있습니다. (아이들의 유쾌한 창의력은 대단합니다.) 어떻게 하나 싶어 관심 있게 봤는데 꽤 많은 학생이 지원했습니다. 3~4명의 인턴이 생겼습니다. 실적이 좋으면 승진도 하고요. 반 분위기가 보다 활기차집니다. 탐정단도 만들었어요. 교사의 도움이 필요한 일이 있으면 저에게 사건 파일을 건네기도 합니다.

모두가 행복한 반을 위해 구성원들이 노력하다 보면 아예 사건을 막을 수는 없겠지만 완충 작용은 할 수 있습니다. 가장 중요한 것은 내 일이 아니어도 다른 사람의 일에, 다른 친구의 일에 관심을 가지는 겁니다. 친구의 일상적인 말이나 표정, 뉘앙스를 살피며 괜찮은지 물어보고요. 순임금의 이야기를 통해 서로에게 관심 갖는 시간을 가져봅시다.

〖 마음에 깊이 담기 〗

고정욱의 《다정한 말, 단단한 말》에는 친구와 가족에게 건네는 따사로운 힘이 가득한 말들이 수록되어 있습니다. 그중 "무슨 일이야?"를 소개합니다. 이 말은 속마음을 얘기할 데가 없어 마음이 아픈 친구에게 손을 내밀어주는 햇살 같은 말입니다. 상대를 주인공처럼 빛나게 하는 말이죠. 평소와 다르게 신경 쓰이는 친구가 있나요? 오늘 바로 실천해볼까요? "무슨 일이야?"

형제자매와 갈등이 있어요

꩜

형제와 자매는 한 기운을 받고 태어났으니

형은 우애하고 아우는 공경하여 감히 원망하거나 성내지 말

아야 한다.

─《사자소학》

이렇게 접근하세요

아이를 둘 이상 키우는 가정이라면 형제자매의 다툼으로 한 번쯤은 고민해보았을 겁니다. 안 싸우고 사이좋게 지내면 좋으련만 다툼은 피할 수가 없습니다. 형제는 같은 부모 아래서 부모의 사랑과 활용 공간, 그리고 물건을 나누는 관계입니다. 당연히 더 사랑받고, 더 많이 갖고 싶은 마음이 생깁니다. 형제자매의 갈등이 나쁘기만 한 건 아닙니다. 해결 과정을 통해 대인관계의 바탕이 되는 사회성의 기초를 배웁니다. 형제자매가 있는 가정이라면 서로의 갈등을 허심탄회하게 이야기하는 시간을 가집시다. 부모의 입장도 얘기하고요. 우리 집도 두 살 터울 남매의 다툼이 잦은지라 여러 연구 자료를 찾아보았습니다. 원인과 상황이야 다양하겠지만 교직 생활 다툼 지도 방안도 고려하여 단순한 세 가지 원칙만으로 지도하고 있습니다. 부모의 큰 3원칙을 안내해드리겠습니다.

첫째, 아이들 스스로 해결하도록 기다립니다. 조그마한 다툼에도 부모가 나서면 다툼이 생길 때마다 엄마를 부르게 됩니다. 엄마에게 서로의 잘잘못을 일러주느라 바쁘죠. 그럼 부모는 심판자가 되고 억울한 사람이 생기면 그 원망은 고스란히 부모를 향합니다. 특히 큰아이가 말도 잘하고 힘도 세기 때문에 상대적으로 부모가 둘째 편을 조금이라도 든다 싶으면 엄마는 동생만 좋아한다고 억울해합니다. 작은 말다툼이 일어날 때는 아이들이 스스로 해결할 때까지 기다립니다. 엄마를 부르며 자꾸 온다면 이런 문제는 둘이 알아서 해결해보라고 얘기합니다. 몇 번 얘기하면 알아서 풀리는 경우도 많습니다.

둘째, 몸싸움이 일어날 때는 개입을 합니다. 갈등이 생겨 다툴 수는 있어도 서로를 다치게 해서는 안 됩니다. 누군가의 잘잘못을 따지기 전에 서로의 신체를 발로 차거나 때린다면 그 자리에서 지도해야 합니다. 아이들은 잘못된 행동을 했을 때 '동생도 이랬다, 누나도 이랬다'라며 상대의 잘못을 부각하여 자기 잘못을 회피하는 경향이 있습니다. 그럴 때는 아이가 문제 행동에 집중할 수 있도록 합니다. '지금 동생 얘기 하는 거 아니고 너의 이러한 행동을 얘기하는 거야'라고 문제 행동을 정확하게 짚어서 지도합니다. 문제 행동을 훈육한 후에 아이의 억울함을 하나하나 들어줍니다. 속상한 부분을 들어주기만 해도 아이의 씩씩거리는 숨소리가 잦아드는 경험을 많이 했습니다.

마지막으로, 매일같이 싸우기도 하지만 잘 지내고 양보할 때는 정말 잘 지냅니다. 둘이 사이좋게 잘 지내고 예쁜 행동을 할 때는 꼭 칭찬을 해줍니다. 아이들이 싸운 뒤에 화해하거나 서로 협동하는 모습을 보이면 따로 칭찬을 많이 해줍니다. 형제자매 지도법은 세분화되어 있습니다. 부모의 마음가짐에 따라 아이의 다툼이 유난히 짜증스러운 날도 있습니다. 오은영 박사도 매일 세수하는 마음으로 육아를 하라고 하죠. 지도해도 안 되면 또 지도하면 되고 오늘 잘 못했으면 내일 잘하면 됩니다. 형제자매의 다툼으로 힘들고 어려운 우리 부모님들 모두 힘냅시다.

〖 아이와 나눌 질문 〗

1. 형제자매와 사이좋게 지내나요? 싸웠다면 그 이유는 무엇인가요?
2. 형제자매가 있어서 좋았던 점은 무엇인가요?
3. 형제자매와 사이좋게 지내는 방법에 관해 이야기해봅시다.

〖 친구들은 이렇게 생각했어요 〗

국어 수업이 끝나고 시간이 애매하게 남아서 게일 실버의 그림책 《화가 났어요》를 읽어주었습니다. 책을 덮기가 아쉬워서 별 뜻 없이 다 때려 부수고 싶을 정도로 화가 난 순간이 언제였는지 물었습니다. 놀랍게도 과반수가 형제자매 때문이었습니다. 아이들이 저를 쳐다봅니다. 억울함을 호소하는 강렬한 눈빛들입니다. 여러 아이의 발표를 들으며 재미있었던 건 레퍼토리가 아주 비슷하다는 점이었습니다.

요약하면 이렇습니다. 일단 한 명이 말로 시비를 겁니다. 다른 한 명이 하지 말라고 합니다. 그런데 한 명이 계속합니다. 다른 한 명이 참다 참다가 소리를 지르거나 한 대 칩니다. 그럼 한 명이 더 세게 칩니다. 그렇게 폭력의 강도가 점점 세집니다. 일이 커지니 부모님이 알게 되고 결국 혼이 납니다. 그런데 문제는 그다음입니다. 혼나고도 억울함이 남는 거죠. 듣는 저도 억울합니다. 학교에서도 다툼 중재를 하고, 집에서도 두 아이를 중재하다 보면 정신이 없습니다. 깔끔하게 끝나지도 않습니다. 둘 다 억울하다고 씩씩댈 때도 있죠.

아이만 억울한 게 아닙니다. 부모도 억울합니다. 아이들에게 너희가 부모라면 어떻게 중재를 해줘야 옳은 거냐고 물어봅니다. 아이들이 미리 생각해둔 것처럼 술술 이야기합니다. 첫째, 제발 둘 다 잘못했다고 하지 마랍니다. 나머지 한 명이 정말 억울하다네요(둘 다 잘못한 걸 어쩌죠?). 두 번째, 먼저 때렸다고 혼내지 마랍니다. 동생이 먼저 약 올린 것도 잘못인데 자꾸 자기만 혼난답니다. 더 크니까 잘하라는 말이 억울하다는 첫째들의 외침을 듣고 있는 둘째들은 둘째대로 억울하다고 맞받아칩니다.

이야기를 들어본 결과, 중재를 잘하는 큰 묘안은 없습니다. 다만, 부모의 중재가 마음에 안 드는 이유는 알겠습니다. 자기는 잘못이 없는데 자기만 혼났다고 생각하는 겁니다. 어렵습니다. 여러 육아서에서는 기준을 명확히 정해 단호하게 지도하라고 하지만 상황과 변수가 오죽 다양한가요. 상황마다 올바른 판단을 내리기는 어렵습니다.

그런데 걱정도 잠시, 형제자매의 다툼은 작은 말 한마디에도 금방 사라집니다. 사춘기가 한창인 누나가 "가까이 오면 너 죽인다 아주!"라고 엄포를 놓고는 조금 뒤에 "라면 먹을래?" 하고 한마디 하면 남동생은 아무 일 없었던 것처럼 넘어가기도 합니다. 형이랑 대판 싸우고 나서 동생이 "게임 한판 하자!" 하면 그걸로 끝이랍니다. 형제자매의 싸움은 피를 나누어서 그런가 싸우고도 금방 화해합니다. 다른 친구와 우리 형제가 싸우면 어떤가요. 동생 편, 형 편을 들지요. 아이들과 오늘의 글귀를 함께 읽습니다. 어진 사람은 동생과 형을 대함에 있어서 노여움을 오래 간직하지 않고 서로를 존중합니다.

　　형제자매끼리 다투고 나면 내 잘못보다는 상대의 잘못이 더 커 보입니다. 대부분의 사람이 그렇습니다. 내 잘못은 별거 아닌 것 같고 상대의 잘못은 거슬립니다. 형제자매 사이의 갈등은 서로의 입장을 살펴보고 배려하는 마음을 기르는 기회입니다. 《명심보감》 제7편 존심(存心)에서는 "비록 어리석은 사람도 남을 탓할 때는 똑똑하고 비록 총명한 사람도 자신을 용서할 때는 잘못을 범한다. 너희들은 남을 탓하는 마음으로 자신을 꾸짖고 자신을 용서하는 마음으로 다른 사람을 용서하라. 그렇게 한다면 성현의 경지에 이르지 못할까 봐 걱정할 필요가 없다"라고 합니다. 가끔 다툼이 있더라도 나를 용서하는 마음으로 형제자매를 용서해주기로 하면 어떨까요?

5장   미래를 그리는 아이

실패가 두려워요

역경에 처해 있으면 자신의 주위는 모두 약이 되어 자기도 모
르는 사이에 행동이 저절로 닦아진다. 반대로 순경에 처해 있
으면 눈앞에 있는 것이 모두 칼과 창이라, 기름을 녹이고 뼈가
깎여도 자신은 그것을 모른다.

―《격몽요결》 혁구습장(革舊習章)

　율곡 이이의 《격몽요결》 혁구습장의 한 내용입니다. '혁구습'은 오래된 나쁜 습관을 고친다는 뜻입니다. 《격몽요결》을 읽다 보면 이이의 올곧은 기상을 느낄 수 있습니다. 혁구습장에 나쁜 습관을 교정하는 부분도 있으니 아이와 초등학생용으로 나온 《격몽요결》을 함께 읽어보기를 추천합니다. 이번 장은 비유적 표현이 사용되었습니다. 먼저 역경과 순경이 나옵니다. 역경은 일이 순조롭지 않다는 뜻으로 일이 마음대로 되지 않을 때를 말합니다. 순경은 일이 순조롭게 흘러가고 몸이 편안할 때를 말합니다. 이번 글귀는 힘들거나 실패했을 때는 지혜롭게 헤쳐나갈 수 있는 용기를, 일이 잘 풀릴 때는 몸을 단도리하고 자기 관리를 할 수 있는 지혜를 심어주는 글입니다.

　아이들이 실패를 두려워하는 이유를 들어보면 불안일 때가 많습니다. 실패했을 때 다른 사람이 나를 이상하게 보면 어떡하나, 부모님께 혼나면 어떡하나 싶어 위축되는 겁니다. 아이에게도 실패할 수 있는 용기가 필요합니다. '잘할 수 있을 거야. 널 믿어'도 좋지만 '괜찮아. 도전해본 것만으로도 좋은 경험이야'와 같은 말을 평소에 아이에게 많이 들려주세요. 실패해도 괜찮다는 믿음을 가져야 안정된 마음으로 새로운 일에 도전할 수 있습니다.

할아버지 할머니에게는 부모보다 따사롭고 넓은 품이 느껴집니다. 그런 여유와 자애로움은 어디에서 나오는 걸까요? 세상이 모두 내 뜻대로 이루어진 사람들은 자애로움과는 거리가 멉니다. '왜 그게 안 돼? 나는 되는데?'라는 생각이 바탕에 깔리기 마련이죠. 삶의 경험이 많을수록 겸손해지고 마음의 품이 넓어집니다. 조부모님의 따뜻한 눈빛은 다양한 경험의 굴곡에서 나오는 것 같습니다. 경험의 굴곡은 나쁜 것이 아니라 오히려 아이의 마음을 굳건하게 합니다. 단 한 번도 실패하지 않고 살아갈 수는 없습니다. 실패할 때마다 좌절하고 힘들어하는 순간이 길어진다면 아이는 세상을 살아가기가 너무 힘들 겁니다. 실패를 통해 새롭게 나아갈 방향을 배웠다고 생각하면 됩니다. 실패도 경험이니까요.

아이에게 부모가 경험했던 실패에 대한 이야기를 들려줍시다. 아이들은 교사나 부모의 실패담을 좋아합니다. 다른 사람들도 마찬가지예요. 성공담을 듣다 보면 나와는 먼 이야기 같습니다. 비슷한 나이 또래라면 자괴감이 들기도 하죠. 그런데 실패담은 다릅니다. 대리 경험을 통해 배우기도 하고 실패가 성공으로 전환되는 모습을 보면서 고무될 수도 있습니다. 실수담을 듣고 이야기하며 어떤 것을 배웠고 앞으로 어떤 행동을 수정하면 좋을지 이야기하면 좋겠습니다. 그럼 아이도 앞으로의 실수에서 배울 점을 찾고 성장할 수 있을 테니까요.

1. 최근에 한 실패 이야기를 해보세요.
2. 실패를 통해 알게 된 사실은 무엇일까요?
3. 열심히 노력했는데 실패해서 속상할 때는 어떻게 하면 좋을까요?
4. 실패의 의미는 무엇일까요?

【 친구들은 이렇게 생각했어요 】

아이들에게 제 이야기를 해주었습니다. 초등학교 교사가 되려면 임용 고시를 치러야 합니다. 대학교 4학년이 되면 함께했던 모든 친구가 같은 시험을 목표로 공부합니다. 시험이 한 달 남았을 즈음 도서관에 들어갔습니다. 갑자기 숨이 막힙니다. 아무리 앉아 있어도 공부가 안 돼요. 옆 친구들은 집중을 잘하는데 나만 안 되는 것 같습니다. 다들 우수한 친구들임을 알기에 더 불안합니다. 친구들의 책장 넘어가는 소리만 크게 들립니다. 도저히 앉아 있을 수가 없어서 도서관 밖으로 뛰쳐나갔습니다. 그리고 계속 울었습니다. 교대 내신 성적도 7등급이라 겨우 꼴찌를 면한 수준입니다. 임용 시험에서 한 문제 차이라고는 하지만 여기에서 나보다 한 문제를 덜 맞힐 사람이 어디 있겠나 싶어 우울감이 극에 달합니다.

아버지에게 전화를 했습니다. 아무래도 떨어질 것 같다고요. 시험에 떨어지면 다른 사람들 얼굴을 어떻게 보냐고 했습니다. 다들 날 보고 손가락질할 것 같다고요. 그때 가만히 듣던 아버지가 말씀하셨어요. "네가 아예 떨어졌으면 좋겠다." 전혀 생각지 못한 대답이었어요. "딱딱한 막대기 있지? 다 자기가 되고 싶은 대로 큰 아이들은 딱딱한 막대기 같아서 힘든 일이 생기면 금방 부러져버려. 마음대로 되지 않는 경험도 해봐야 다음에 힘든 일이 생겨도 이겨내지. 실패에서도 배우는 게 크다. 그래서 아빠는 네가 떨어졌으면 좋겠다."

아버지의 말을 듣는 순간 가슴이 트이면서 바깥 공기가 코로 들어옵니다. 전전긍긍하던 마음이 가라앉습니다. 아직 저는 딸이 중요한 시험을 앞두고 있는데 '떨어졌으면 좋겠다'라고 말할 자신은 없습니다. 하지만 그때 넌 무조건 붙어야 한다고, 주변 사람들이 널 어떻게 보겠느냐고, 떨어지면 절대 안 된다는 이야기를 들었다면 부모의 불안까지 등에 업고 더 크게 긴장했을 겁니다. 아버지가 해주셨던 말은 아직도 제 가슴속에 담아두고 힘들 때마다 꺼내보곤 합니다. 성공만 한 사람은 절대 못 가지는 걸 실패해본 사람이 가질 수 있다는 사실을 이제는 압니다. 실패도 성장입니다. 아이들과 힘들었던 일이 배움이 되었던 적이 있는지 함께 이야기 나누었습니다. 아이들과 이야기 나누는 시간은 잠깐이지만 아이가 어려움을 겪거나 실패했을 때 격려를 건네는 한 줄기 힘이 되리라 생각합니다.

〖 마음에 깊이 담기 〗

실패한 뒤에는 오히려 성공이 기다리고 있습니다. 쉽게 포기하지 마세요. 《채근담》 전집 10장에서는 "총애 속에서 재앙이 생기니, 한창 뜻한 바를 이루어 자랑스러울 때 돌이켜 반성해야 한다. 실패한 뒤에 오히려 성공할 수 있으니, 마음대로 되지 않는다고 해서 서둘러 포기해서는 안 된다"라는 지혜를 전합니다. 아이가 쉽게 좌절한다면 용기를 북돋아주는 《채근담》의 글귀를 함께 나누어봅시다.

적성은 어떻게 찾아야 할까요?

❋

독서를 하면서도 성현의 참모습을 보지 못하면 그저 글자나 베껴 쓰는 하인에 불과하고 관직에 있으면서도 백성을 사랑하지 않으면 관리의 허울을 쓴 도둑일 뿐이다.

학문을 연마하면서도 몸소 실천하지 않으면 공허한 빈말이 될 뿐이고 업적을 세우고도 은덕을 베풀지 않으면 눈앞에서 한때 피었다 시들어버리는 꽃일 뿐이다.

—《채근담》 전집 56장

　이번 글귀도 비유를 활용하여 두 가지의 허울뿐인 모습을 경계합니다. 책 읽기를 통해 지식은 많지만 실천하지 못하는 사람을 글자나 베껴 쓰는 하인이라 말하고, 좋은 직장에 있으면서도 직장의 진정한 의미를 찾지 못하는 사람을 관리의 허울을 쓴 도적이라고 말합니다. 다음 구절도 대구를 통해 비슷한 뜻을 지니고 있습니다.

　아이에게 각 구절을 읽고 예를 들어보게 하거나 이야기를 지어보게 하면 쉽게 접근할 수 있습니다. 아는 것도 많고 말은 청산유수인데 행동을 보면 믿음이 안 가는 사람이 있습니다. 책을 읽는 이유가 그저 있어 보이기 위해, 지식을 뽐내기 위해서일까요? 책의 궁극적인 목적은 무엇일까요? 지식 습득이 하나의 목적이기도 하지만 전부는 아닙니다. 궁극적으로는 나를 돌아보고 행동과 마음가짐을 변화시키는 데 있습니다. 좋은 글을 많이 접한다고 해도 지식만 있을 뿐 책의 내용이 마음에 녹아 행동으로 번지지 않으면 글은 공허한 빈말일 뿐입니다.

　이번 글귀에서 집중적으로 다루고 싶은 주제는 직업입니다. 고전 글귀 속의 '관직'과 '업적'은 직업과 밀접하게 연관됩니다. 진로 교육은 의외로 어렵습니다. 장래 희망 하면 특정 직업이 떠오릅니다. 종종 아이들이 저의 어릴 때 꿈이 뭐였는지 묻습니다. 제 장래 희망은 초등학교 교사였습니다. 그 대답에 아이들이 '선생님은 꿈을 이루셨네요!'라고 말하면 조금 불편합니다. 제 꿈은 아직 끝나지 않았거든요. 무언가 부족합니다. 자연스럽게 '어떤' 초등 교사가 되어야 하는지 생각합니다.

관직에 있으면서도 참모습을 보지 못하면 그저 생계 수단일 뿐입니다. 직업은 생계 수단을 넘어 사회에 기여하는 부분도 큽니다. 그래서 직업을 선택할 때 아이의 적성이 중요합니다. 사회인이 되어 하루 중 가장 오랜 시간 몸담는 곳이 직장이기 때문입니다. 직업을 통해 보람을 찾을 수 있을 때 아이는 행복합니다. 누군가 꿈을 묻는다면 저는 따뜻한 교사가 되고 싶습니다. 아이가 안심할 수 있는 교사가 되고 싶어요. 물론, 수업도 잘하는 교사가 되고 싶고요. 이 꿈은 교사 생활이 끝날 때까지 쉽게 끝나지 않을 꿈일 겁니다. 아이들과 꿈에 대해 이야기할 때는 '어떤'이라는 가치를 직업에 앞서 생각해볼 수 있게 물어봅시다. '어떤' 학자, '어떤' 모델, '어떤' 작가, '어떤' 예술가가 되고 싶은지 말이죠.

1. 책을 읽는 궁극적인 이유가 무엇일까요?
2. 장래 희망은 무엇인가요?
3. 커서 '어떤' 사람이 되고 싶나요?
4. 직업 선택 시 중요하게 생각하는 가치는 무엇인가요?
5. 직업을 통해서 어떻게 사회에 기여하고 싶나요?

[친구들은 이렇게 생각했어요]

'글자나 베껴 쓰는 하인' '관리의 허울을 쓴 도둑' '공허한 빈 말' '잠깐 피었다 시들어버리는 꽃'은 직업의 진정한 의미를 알지 못한 채 겉모습만 번지르르한 상태를 말합니다. 다른 사람이 아무리 선망하는 직업이라도 자신이 만족하지 않으면 그 직업은 그저 직업일 뿐입니다. 직업에서 보람을 찾으려면 직업 가치관을 알면 도움이 됩니다. 직업 가치관이란 직업을 선택할 때 영향을 미치는 자신의 생각입니다. 직업 가치관과 맞는 직업을 갖게 되면 만족스러운 직업 생활을 할 수 있으며 이는 직업을 통한 사회 기여로 자연스럽게 연결됩니다. 교육부 제공 진로 정보망 커리어넷에서 소개하는 직업 가치관은 총 여덟 가지입니다. 중학생 대상의 무료 검사지가 있습니다. 초등 고학년도 가능합니다.

커리어넷 사이트www.career.go.kr → 진로심리검사 → 중·고등학생용 심리검사→ 직업가치관검사

아이에게 아래의 여덟 가지 직업 가치 중 두세 가지를 골라보게 합니다.

능력 발휘 | 직업을 통해 자기 능력을 발휘하는 것

자율성 | 시간과 방식을 스스로 결정할 수 있는 것

보수 | 직업을 통해 돈을 많이 버는 것

안정성 | 한 직장에서 오랫동안 일할 수 있는 것

사회적 인정 | 다른 사람에게 인정받는 것

사회봉사 | 다른 사람에게 도움이 되는 일을 하는 것

자기 계발 | 직업을 통해 더 배우고 발전할 기회가 있는 것

창의성 | 스스로 아이디어를 낼 수 있는 것

창의성이나 자기 계발을 주요 직업 가치관으로 가지고 있는

아이가 안정성과 보수가 높은 직업을 선택하면 지루함을 느낄 수 있습니다. 반대로 아이는 안정성을 원하는데 창의성이나 자율성을 주 가치로 하는 직업을 선택해도 힘들겠지요. 아이의 직업 가치관에 부합하는 직업을 찾아봅시다. 참고로 능력 발휘, 자기 계발, 창의성의 가치는 어떤 직업에서라도 발휘할 수 있는 부분입니다. 같은 교사라도 좋아하는 분야에 능력을 발휘할 수 있고, 독서, 정보, 학급경영 등 한 분야를 정해 자기 계발을 할 수 있으며 업무 방식에서 창의성을 발휘할 수 있습니다. 자기가 어떤 가치를 선호하는지 알면 같은 직업이라도 다양한 방식으로 보람을 찾을 수 있습니다.

〖 마음에 깊이 담기 〗

《열두 살 장래 희망》은 《아홉 살 마음 사전》으로 유명한 박성우 작가의 장래 희망 안내서입니다. 직업 가치관과 함께 자신의 성격이 가진 강점도 파악한다면 만족하며 몸담을 수 있는 직업을 수월하게 찾을 수 있습니다. 《열두 살 장래 희망》은 아이가 무엇을 좋아하고 무엇을 잘하는지를 살펴보고 어떻게 살아야 행복할지에 초점을 맞춘 책입니다. '고마워할 줄 아는 사람' '귀 기울이는 사람' '궁금한 건 꼭 물어보는 사람'처럼 아이가 가지고 있는 다채로운 기질들이 어떻게 세상에 기여할 수 있는지 따뜻하게 알려주죠. 이 책을 통해 우리 아이의 강점과 어울리는 직업을 함께 찾아봅시다.

어차피 해도 안 돼요

마음으로 정성스럽게 구한다면 비록 적중하지는 않더라도 크게 벗어나지는 않을 것이다. 자식 기르는 방법을 알고 난 뒤에 시집가는 사람은 없다.

―《대학》전(傳) 9장

아이와 정서적으로 실랑이하고 난 뒤에 이 글을 보고 위로받았습니다. 옛사람들도 어린아이를 보살필 때 마음이 복잡했나 봅니다. 아이를 훈육하는 상황에서 적절하게 대처할 때도 있지만 바쁜 스케줄과 감정 상태에 따라서 불쑥 화를 낼 때도 있습니다. 과하게 나무라거나 감정적으로 아이를 대하고 나서 스스로를 돌아보면 참 괴롭습니다. 좋은 부모가 되고 싶은데 그렇지 못한 것 같아 속상합니다. 그렇다고 좋은 부모가 되긴 글렀다고 아이를 대충 키우고 싶지는 않습니다. 제 선에서 최선을 다하고 싶습니다. 《대학》의 글귀가 용기를 줍니다. 마음으로 정성스럽게 구한다면 비록 적중하지 않더라도 크게 벗어나지 않는답니다.

길을 걷는데 똑바르게 직선으로 가지 못할 때가 있습니다. 가끔 구불구불 돌아가기도 하고 돌덩이에 걸려 넘어져 상처가 나기도 하지만 묵묵히 걸어갑니다. 육아도 이론과 실제가 다르고, 첫째 아이 둘째 아이 다르고, 부모의 성격과 기질도 다릅니다. 명확한 정답도 없고 아무도 딱 맞는 답을 모릅니다. 그저 걸어갈 뿐입니다. 고전에서는 어차피 안 된다고 생각하지 않고 마음만 진실하다면 바른길을 갈 수 있다고 얘기합니다.

수업을 하다 보면 '저는 어차피 안 돼요'라는 말을 버릇처럼 하는 아이가 있습니다. 그런 말을 들으면 가슴이 털컥 내려앉습니다. 한숨 섞인 아이의 작은 말 한마디가 저는 왜 이렇게 크게 들리는 걸까요. 미술 시간에도 들리고 수학 시간에도 들리고 체육 시간에도 들립니다. 한 아이가 모든 과목에서 그러는 건 아니고요. 각 시간마다 다른 아이들이 얘기합니다. 열 살 남짓한 아이가 지레 포기하는 모습을 보면서 왜 그럴까 생각합니다. 아이들에게는 각자 자기 효능감이 있습니다. 아이마다 잘하는 부분이 있고 부족한 부분이 있지요. 아마 아이는 자주 실패했던 분야에 대해 자신의 생각을 무심코 내뱉은 걸 겁니다.

　그런데 말이에요. 해도 안 되는 게 어디 있나요! 하면 되죠. 처음부터 다 잘하는 사람은 없습니다. 무언가를 잘하는 사람은 그만큼 정성을 들이고 시간을 많이 쓴 사람입니다. 하지만 우리는 결과만을 볼 뿐 정작 그 사람이 어떻게 살아왔는지는 눈여겨보지 않습니다. 그럴 때 오늘의 글귀를 한번 크게 읽어봅시다. '마음으로 정성스럽게 구한다면'을 힘주어 읽어봅시다. 자신 없고 어려워도 마음으로 진실하게 구한다면 진일보하는 게 있습니다. 《논어》에도 나오죠. 태산을 옮길 때 흙 한 삼태기라도 옮겼다면 그것은 진보한 겁니다. 어차피 해도 안 된다는 생각이 든다면 조금만 마음을 바꿔봅시다. 다 할 수 있습니다.

부모님도 시간이나 여건이 부족해서 하지 못했던 일들을 아이와 함께 계획하고 도전해봅시다.

【 아이와 나눌 질문 】

1. '어차피 해도 안 된다'라고 생각하는 부분이 있으면 써볼까요?
2. 왜 그런 생각이 들었나요?
3. 오늘 글귀 중 가장 중요한 구절에 밑줄을 긋고 1번과 2번 질문에 대한 답을 다시 살펴봅시다. 생각이 바뀐 부분이 있나요? 부모님과 대화를 나누어봅시다.

【 친구들은 이렇게 생각했어요 】

"선생님 저 어차피 그림 못 그려요. 빨리 제출하고 다른 거 할게요."

아이의 그림을 봅니다. 잘 그리고 못 그리고를 떠나서 대충 그렸습니다. 미술 작품을 볼 때 예술성보다는 정성을 봅니다.

그림을 그리는 데 얼마나 공을 들였는지를 말입니다. 못한다고 생각하면 몇몇 아이들은 마음을 다하지 않습니다. 마음으로 진실하게 구하지 않은 거죠. 이런 상황을 교실에서 자주 맞닥뜨립니다.

이 아이에게 정성을 쏟아 그림을 그리게 하려면 많은 품이 듭니다. 교사의 한두 마디는 달걀로 바위 치기 같다는 생각도 듭니다. 딱딱하게 굳어버린 아이의 고정관념이 어떻게 만들어졌는지 궁금합니다. '어차피 해도 안 된다'고 치부하기에는 아이의 잠재력이 아깝습니다.

캐롤 드웩의 《마인드셋》에 따르면 성공하는 사람과 실패하는 사람의 차이가 '재능'이 아니라 '마인드셋(마음가짐)'이라고 합니다. 고정 마인드셋을 가진 사람은 능력이 변하지 않는다고 믿습니다. 재능은 타고나는 것이니 노력은 불필요하다는 것이죠. 고정 마인드셋은 재능이 뛰어난 사람에게도 많습니다. 그래서 자기보다 못한 다른 사람을 쉽게 평가하고 판단합니다. 성장 마인드셋을 가진 사람은 능력은 얼마든지 발전시킬 수 있다고 믿습니다. 그래서 어제보다 나은 성장을 위해 마음을 다합니다.

아이들과 성장 마인드셋과 고정 마인드셋에 대해 이야기를 나눕니다. 아이들마다 타고난 재능이 다릅니다. 당연히 못하는 것도 있지요. 그러나 고정된 것이 아닙니다. 마음을 다하면 적중하지는 않더라도 가까이 갈 수 있습니다. 부모와 교사가 가지는 마인드셋 또한 아이에게 지대한 영향을 미친다고 하니 아이의 모습을 평가하기보다는 아이의 성장을 지지해주자고 다짐합니다.

근성(芹誠)이라는 말이 있습니다. 옛날 한 농부가 미나리가 가장 맛있는 음식인 줄 알고 임금님에게 바쳤다는 데서 유래한 단어인데요. 농부가 귀족처럼 고급 음식을 바칠 수는 없었겠죠. 농부는 자신의 형편에 맞게 최선을 다했습니다. 그래서 근성에는 정성을 다한다는 뜻이 있습니다. 교실에서도 어떤 과업이든 입을 오므려가며 열심히 하는 아이들이 있습니다. 수학도 미술도 글쓰기도 당장에 실력이 뛰어나지는 않지만 마음을 다해 결과를 만들어내죠. 이런 아이들이 근성이 있는 아이입니다. 아이에게 '근성' 있는 사람이 되자고 말합시다. 다 같이 크게 외쳐봅시다.

"잘하건 못하건 간에 열심히 해보자!"

해도 안 되는 건 없습니다. 하면 조금이라도 나아져요. 하고 싶은 일에, 잘하고 싶은 일에 정성을 쏟아보세요. 오롯이 보낸 시간과 정성은 절대 나를 배반하지 않습니다. 《중용》 제23장에서도 이를 강조하고 있습니다. "작은 일도 무시하지 않고 최선을 다해야 한다. 작은 일에도 최선을 다하면 드러나게 된다. 드러나면 뚜렷해지고, 뚜렷하면 밝아진다. 오직 세상에서 지극한 정성을 다하는 사람만이 나와 세상을 변하게 할 수 있는 것이다." 아이와 함께 세상을 밝게 만드는 정성의 미덕을 함께 낭독해봅시다.

아무것도 안 하고 놀고 싶어요

한가할 때 헛된 시간을 보내지 않으면 바쁠 때에 그 덕을 볼 수 있고, 고요할 때 얼빠진 듯 멍청하게 보내지 않으면 일이 있을 때 쓸모가 있으며, 남들이 보지 않는 곳에서 자기의 양심을 속이는 일을 하지 않으면 많은 사람들 앞에서 그 보람을 누릴 수 있다.

—《채근담》전집 85장

아이에게 시간 관리의 개념을 가르쳐줄 수 있는 글귀입니다. 바쁘게 일상을 달린 뒤에는 푹 쉬고 싶습니다. 뒹굴거리며 아무것도 안 하거나 게임에 흠뻑 빠지기도 하고 영화나 텔레비전도 몰아봅니다. 그런데 하루 이틀 사흘 계속 이렇게 지내다 보면 마음 한편에 불안이 싹틉니다. 이제 다시 일을 할 때가 된 거예요. 계속 놀기만 하는 것도 문제지만 공부나 일로 너무 힘들게 자신을 채근하는 것도 건강에 좋지 않습니다. 적정선을 아이와 함께 느끼고 찾아보아야 합니다. 부모 입장에서 아이가 하루 종일 놀고만 있으면 불안합니다. 아이와 함께 오늘 하루를 어떻게 보냈는지 기록해봅시다. 부모님도 하루를 기록해보세요.

오히라 노부타카의 《게으른 뇌에 행동 스위치를 켜라》에 보면 시간을 크게 '투자' '소비' '낭비'로 나눕니다. '투자'는 자신의 나은 미래를 위해 보내는 시간입니다. 학습, 경험, 건강, 인간관계를 위해 할애하는 시간입니다. '소비'는 생활을 유지하기 위해 사용하는 시간입니다. 식사, 수면, 휴식, 기분 전환, 학교 수업, 과제 이행 등의 시간입니다. 그리고 '낭비'는 휴식도 아니고 투자도 아닌 시간입니다. 목적 없는 휴대폰 사용, 과도한 밤샘, 끝없는 유튜브 시청 등이 그 예입니다. 종이에 동그라미를 크게 그리고 삼등분한 뒤 하루 중 어디에 내 시간이 가장 많이 분포하는지 써봅시다. 참고로 '낭비'의 시간을 0으로 만들자는 이야기는 아닙니다. 아이들에게도 심심하게 뒹굴거리는 시간이 필요합니다. 다만 맹목적으로 쉬는 것이 아니라 시간을 어떻게 활용하는지 알고 선을 지키고 관리하기 위해서 기록해보는 것입니다. 저도 기록을 해보니 힘들게 일만 한다고 생각했는데 빈둥거리는 시간이 상당했습니다. 어쩌면 시간이 없다는 말은 다 핑계일지도 모르겠습니다.

아이와 '투자'의 시간을 생각해봅시다. 어떤 분야에서 성취를 하고 싶다면 자신의 의지가 포함된 투자의 시간을 가져야 합니다. '투자'의 시간이 0인 아이도 있을 겁니다. 투자의 시간이 0이면 현재 상태만 유지된다고 보면 됩니다. 그런데 아이들은 이미 '소비' 시간이 많습니다. 학교, 학원, 숙제, 그 외 등하교와 같은 '소비' 시간을 다 빼고 나면 '낭비'의 시간도 부족한테 '투자' 시간까지 낼 여력이 있을까요? 과감히 뺄 건 빼고 넣을 건 넣어서 아이 스스로 이 세 가지 시간 분류를 조절하는 시간을 가져봅시다.

1. 한가한 시간이 생기면 어떻게 시간을 보내나요?
2. 하루의 시간을 '투자' '소비' '낭비'로 삼등분하여 기록해봅시다.
3. '투자'의 시간에 하고 싶은 활동이 있다면 기록해봅니다.
4. 시간 날 때 틈틈이 해둔 노력이 바쁠 때 도움을 준 적이 있다면 써보세요.

【 친구들은 이렇게 생각했어요 】

아이들과 글귀를 한 줄 한 줄 읽어봅니다. '고요할 때 얼빠진 듯 멍청하게 보내지 않으면'을 읽는데 너무 정곡을 찌르는 것 같아 웃음이 납니다. 알면서도 제일 지키기 어려운 부분입니다. 아이들 이야기를 들어봐야겠죠. 아이들은 끝까지 미루다가 조급하게 하는 습관을 얘기합니다. 미리미리 해놓으면 얼마나 좋을까 하고 생각은 하는데 막상 쉬는 시간이 생기면 바로 휴대폰을 켜거나 유튜브를 본답니다. 듣다 보니 비단 아이만의 얘기가 아닙니다. 바로 제 얘기네요. 이제 함께 조절해볼 시간입니다.

우리 반 아이들의 '투자' '소비' '낭비' 시간을 조사해보고 나서 깜짝 놀랐습니다. 생각보다 낭비의 시간이 없었습니다. 하루 대부분이 '투자'와 '소비'의 시간이었는데요. 생각해보니 아이들의 일상이 그렇습니다. 학교 갔다가 학원 한두 군데 갔다 오면 집에서 숙제하고 조금 쉬다가 잡니다. 이 루틴을 시각화해보면 '조금 쉬다가'가 '낭비' 또는 '투자' 시간이 되고 그 외에는 다 '소비' 시간입니다. 그리고 '투자'와 '소비' 시간의 경계가 애매한 부분도 있습니다. 학원 영어 공부는 '소비' 시간으로 들어가지만 영어를 꼭 배우고 싶어서 학원에 다닐 때는 '투자' 시간이 될 수도 있습니다. 일단 일목요연한 정리를 위하여 학원은 다 '소비' 시간으로 넣었습니다. 그리고 여유 시간에 스스로 뭔가를 한다면 그걸 '투자' 시간에 넣었습니다.

세 가지로 시간을 분류해놓으니 아이의 생활이 한눈에 보입니다. 특히 '투자' 시간이 흥미롭습니다. 아이의 관심사가 여실히 드러났거든요. 아이들은 '투자' 시간에 취미 생활을 많이 합니다. 뮤지컬, 노래, 춤을 좋아하는 아이, 그림과 소설 짓기로 시간을 보내는 아이, 친구와 나가서 축구를 하는 아이 등 다양합니다. '낭비' 시간도 아이마다 다릅니다. 하루에 4~5시간 이상 노는 시간이 있는 아이도 있지만 '낭비' 시간이 거의 없는 아이도 있습니다. 너무 쉬는 시간이 없는 거 아니냐는 질문이 절로 나옵니다. 그런데 똑같이 '낭비' 시간이 없는 아이라도 반응은 또 달랐는데요. '투자' 시간이 많은 아이는 '낭비' 시간이 없어도 대수롭지 않게 느꼈고, '소비' 시간이 많은 아이는 '낭비' 시간을 원했습니다. 부모가 아이에게 뭘 빡빡하게 시켜서 그렇다기보다는 아이의 체력이나 기질, 성향과도 관련이 있습니다. 학교 외의 시간을 어떻게 관리하는지 살펴보니 아이의 새로운 면을 알 수 있었습니다. 우수한 모습 뒤에 따르는 노력과 미처 알지 못했던 열정이나 재능도 알 수 있었어요. '낭비' 시간이 많은 아이에게 '투자' 시간을 조금이라도 넣어보라고 제의했습니다. '투자' 시간이 많은 친구를 의식했는지 고개를 끄덕이며 겸연쩍은 듯 웃네요. 무엇이든 아이 스스로 세운 계획이 효과가 좋겠지요.

【 마음에 깊이 담기 】

놀기만 좋아해서 '투자' 시간을 늘려야 하는 아이도 있지만 제대로 쉴 줄 모르는 아이도 있습니다. 공부에 욕심이 있는 아이는 자기가 쉴 때 다른 아이는 공부하고 있을 것 같아 쉬어도 불안합니다. 법륜 스님의 말씀에 힌트를 얻어 불안해하는 아이에 맞게 바꾸어보았습니다. 아이에게 들려주세요.

"공부하면 힘들고, 쉬고 있으면 불안한 것은 심리 불안이 있어서 그런 것뿐이에요. 이 문제는 쉰다고 해결될 일도 아니고 공부한다고 해결될 일도 아닙니다. 이것이 심리 문제인 것만 알면 당장 행동하기보다는 나의 심리를 스스로 지켜보게 됩니다. 힘들면 쉬고, 불안하면 다시 공부를 해보는 거예요. 그러다 보면 저절로 쉬는 것과 공부하는 것 사이를 약간씩 조정해나가는 법을 터득하게 돼요. 쉽게 생각하세요. 자신의 컨디션에 따라 조절하는 거예요. 마음을 믿어보세요."

시작하기에 너무 늦은 것 아닐까요?

✳

비유하자면 산을 쌓으려다가 한 삼태기의 흙이 모자라는 상
황에서 멈추었다 하더라도 그것은 내가 그만둔 것이다. 또한
비유하자면 땅을 평평하게 하기 위해 한 삼태기의 흙을 쌓았
더라도 일을 실행하였다면 그것은 내가 진보한 것이다.

—《논어》제9편 자한(子罕)

이번 글에는 두 가지의 메시지가 있습니다. 첫째는 노력하다가 마지막 순간에 포기하는 것을 경계하고 있으며, 두 번째는 조금이라도 실천하여 진보하라고 독려하고 있습니다. 아이와 이 두 가지 경우에 대해 이야기 나누어봅니다.

피아노 학원에 가는 딸아이의 뒷모습을 보니 부럽습니다. 어릴 때는 몰랐는데 시간이 지날수록 배움의 욕구는 왜 자꾸 커지는 걸까요? 그런데 직장도 걸리고 아이도 걸립니다. 나를 위해 시간을 쓰고 싶은데 내 시간을 필요로 하는 곳이 많습니다. 차일피일 미루다 보면 아이들을 돌보느라 정작 하고 싶은 일은 하나도 못 합니다. '지금 뭘 또 하겠다고' 하며 이미 늦었다 싶어 포기합니다.

아이들도 마찬가지입니다. 4학년만 지나도 이미 늦었다는 말을 많이 합니다. 부모도 주변 이야기를 들으면 흔들립니다. 초등학교 3학년 전에 영어를 다 떼놔야 다른 과목에 집중할 수 있다고 하니 불안한 마음이 듭니다. 앞으로 해야 할 일은 산더미인데 부족한 부분이 훤히 보이니 발을 동동 구릅니다.

'시작하기에 너무 늦었다'는 말은 결과를 염두에 둔 말입니다. 전공으로 하기에, 성공하기에, 남들보다 앞서기에는 지금 시작해도 늦었다는 거죠. 멀리 보고 지레 지쳐 포기하는 마음입니다. 멀리 보아야 할 필요도 있지만 때로는 바로 앞에 초점을 두어야 할 때도 있습니다. 한 삼태기의 흙을 쌓고 나의 진보에 집중한《논어》의 글처럼요.

진경산수화의 대가 겸재 정선은 조선 후기의 문인 화가로 30세 중반부터 이름을 떨칩니다. 〈인왕제색도〉는 그의 나이 76세 때 그린 만년의 걸작입니다. 노인이 그렸다고는 믿을 수 없을 정도로 인왕산의 힘찬 기상이 엿보입니다. 그는 40여 년간 관리로 지내면서도 붓이 닳아 큰 무덤을 이룰 정도로 꾸준히 노력하여 나이가 들수록 더욱 원숙한 경지에 이르렀습니다. 겸재 정선의 자료를 찾다 보니 인생에 늦은 시기란 없는 것 같습니다.

부모가 새롭게 도전하는 모습은 아이에게 훌륭한 본보기가 됩니다. 공부가 과업인 학생처럼 꼭 해야 하는 것도 아닌데, 오로지 배움에 대한 열정으로 도전하는 모습이니까요. 아이와 함께 새로운 일에 도전해봅시다. 한 삼태기의 흙을 갖다 부었어도 어제보다 '성장한 나'입니다.

1. 오랜 시간 노력했는데, 힘들어서 마지막에 포기한 적이 있나요?
2. 잘하고 싶은 건 있는데, 시작하기에 너무 늦은 것 같아 포기한 적이 있나요?
3. 논어의 글귀를 잘 읽고 '시작하기에 너무 늦었다'라는 말에 대한 생각을 써봅시다.

4학년 아이들에게 아무런 설명 없이 이 글을 제시하고 어린 동생들도 이해하기 쉽도록 풀어 쓰게 했습니다. 무슨 뜻인지 모르겠다며 어리둥절해하는 아이도 있고, 대충 무슨 뜻인지 알겠다며 쉽게 써 내려가는 아이도 있습니다. '산을 아껴야 한다(?)'라는 발표를 시작으로 가지각색의 의견이 발표됩니다. 가장 다수의 의견은 '쉽게 포기하지 말자'였습니다. 거의 정답에 가깝지요. 워밍업을 했으니 글을 자세히 볼 차례입니다. 먼저 '삼태기'라는 단어에 질문이 쏟아집니다. 삼태기는 흙이나 쓰레기, 거름 같은 것들을 나르는 데 쓰는 기구인데 칡, 짚, 새끼 등을 이용해 만듭니다. 꼭 쓰레받기처럼 생겼습니다. 모르는 어휘를 설명해준 뒤 오늘의 글귀를 이야기로 풀어서 들려줍니다. 10년 동안 산을 쌓기로 마음먹은 농부가 하다 하다 힘들어서 포기했는데 알고 보니 한 삼태기만 더 쌓으면 산이 완성되는 거였습니다.

애기하다 보니 궁금증이 생깁니다. 농부는 한 삼태기만 더 쌓으면 산이 완성된다는 것을 알았을까요? 아마 몰랐을 겁니다. 알았다면 젖 먹던 힘까지 쥐어짜서 도전했을 거예요. 현실도 그렇습니다. 언제까지 해야 끝나는지가 보이지 않습니다. 목표한 바를 이루기 위해 노력하지만 해도 해도 끝나지 않는 평행선 같아요. 오늘이 내일 같고, 내일도 모레 같기에 막연해서 포기하는 거죠. 마찬가지로 평평한 땅에 한 삼태기의 흙을 처음 붓는 것도 용기가 필요합니다. 첫 삽을 뜨는 일처럼요. 미래는 불확실하고 효과는 언제 날지 모르며 언제까지 이 일을 해야 하는지, 이렇게 하는 것이 맞는지 혼란스러워 일을 끝까지 하기도, 시작하기도 어렵습니다.

아이들의 경험담을 들어보니 피아노를 배울 때 체르니로 넘어가며 그만뒀는데 지금 생각해보니 아쉽다는 아이도 있고, 영어 학원을 다니다가 끊었는데 다시 하려니 처음 레벨부터 시작해야 해서 후회한다는 아이도 있습니다. 다시 하려면 스케줄을 조정해야 하니 뭐든 새롭게 시작하기가 쉽지 않다고요. 그리고 포기했는데 지금까지 아무런 미련이 없다는 아이도 있습니다.

일을 끝까지 마무리하는 것, 새롭게 시작하는 것 모두 한 발 더 내딛는다는 공통점이 있습니다. 그러기 위해 필요한 마음 자세는 무엇일까요? 자신의 마음을 잘 들여다보고 용기 있게 결정하는 태도입니다. 진득하게 해내고 말겠다는 생각도 중요하고요. 그리고 또 한 가지가 있습니다. 아무리 생각해도 아니라면 마지막 한 삼태기의 미련을 버리고 포기하는 것도 답입니다. 답은 아이 스스로 찾아야 합니다. 후회도 미련도 후련함도 모두 경험이고 배움입니다.

[마음에 깊이 담기]

《논어》 제13편 자로(子路)에서는 "빨리 결과를 내려 하지 말고, 작은 이익을 추구하지 마라. 빨리하려고 하면 제대로 된 성과를 달성하지 못하고, 작은 이익을 추구하면 큰일을 이루지 못한다"라고 합니다. 빠른 결과에만 치중하다 보면 조급해진 마음으로 마지막 한 삼태기의 흙을 놓칠 수 있고, 언제 성과를 보려나 싶은 마음은 새로운 일을 시작하기도 전에 지치게 합니다. 큰일을 이루기 위해서는 한 삼태기의 흙을 쌓는 과정을 즐기는 여유와, 늦게 되어도 괜찮다는 유연한 자세가 필요합니다. 복잡하게 생각하지 말고 결과야 어떻든 계속한다는 생각으로 노력하다 보면 어느 순간 목표한 자리에 와 있을 거예요. 아이의 가슴에 품은 큰일을 응원하고 싶을 때 이 글을 함께 나누어봅시다.

뭐부터 해야 하죠?

[오늘의 글귀]

사물에는 근본과 말단이 있고, 일에는 처음과 끝이 있다.
어떤 것을 먼저 하고 어떤 것을 뒤에 할지 알게 된다면 도에
가깝게 될 것이다.

―《대학》경(經) 1장

이번 글귀는 직관적입니다. 일의 경중을 따져서 중요한 일을 먼저 하라는 뜻입니다. 중요한 일이 무엇인지를 판단하는 것은 각자의 몫입니다. 해야 할 일이 한꺼번에 생길 때도 있습니다. 생각 없이 손에 잡히는 것부터 시작하다 보면 일이 엉키기 십상입니다. 여러 일이 생겼을 때 일의 순서를 매기고 차례차례 해나가야 같은 시간 내에 좋은 효과를 볼 수 있습니다. 학습 측면으로 살펴볼까요. 수학 수업을 하다 보면 누적된 결손이 있는 아이는 무엇을 어디에서부터 손대야 할지 몰라 난감해합니다. 이 아이들은 학년이 올라갈수록 이전 학년의 복습이 안 된 채로 해당 학년의 주요 내용을 찔끔찔끔 따라가기 바쁩니다. 따라가기 어려운 공부가 있다면 정확히 내가 무엇을 알고 무엇을 모르는지 파악하는 것이 우선입니다.

메타 인지는 자신이 무엇을 알고 모르는지, 어느 부분에서 더 공부가 필요한지를 알고 부족한 부분을 보완하기 위해 적합한 계획을 세우고 실행하는 능력입니다. 나의 부족한 부분을 알았다면 무엇을 먼저 해야 할지 정해야 합니다.

아이의 학습 결손을 가장 쉽게 파악할 수 있는 학습 도구는 교과서입니다. 교과서에는 해당 학년에서 꼭 배워야 할 핵심 개념이 담겨 있습니다. 아이에게 수학 결손이 있을 경우에는 이전 학년의 교과서를 구해서 문제를 풀어봅니다. 문제를 조금만 풀어보아도 아이가 어디에서 막히는지 쉽게 파악할 수 있습니다. 결손을 파악했다 하더라도 학기 중에는 본 학년의 교과를 따라가기에도 바쁘기 때문에 보충하기가 쉽지 않습니다. 그래서 방학은 학습 결손을 보충하기 위한 최적의 시간입니다. 방학 동안 꼭 해야 할 일 중 하나는 우리 아이가 지난 학기 학습을 잘 익혔는지 파악하기 위한 복습입니다.

수학 과목에 있어서 기초 연산 연습, 기타 과목에서의 암기나 독서 지도도 중요하지만 여러 가지 학습 전략을 활용하는 것도 추천해드립니다. 특히 조직화 전략인데요. 수업을 하다 보면 각각의 개념을 익히기 바빠서 개념의 전체적인 포함 관계나 위계 관계를 모를 때가 있습니다. 예를 들어 4학년 1학기 사각형 단원에서 마주 보는 두 쌍의 변이 평행한 사각형이 '평행사변형'이라는 것은 아는데 이 평행사변형이 사다리꼴에 포함되는지 물어보면 헷갈려 합니다. 사회 시간에도 이 사건이 어느 시대의 이야기인지, 이 인물이 어느 시대 사람인지 모릅니다. 처음 배우는 내용이라 그렇기도 하고 차차 배우면서 나아지기도 하지만 처음 배울 때부터 조직화 전략을 활용하면 기억하기도 쉽고 이해도 잘됩니다. 다양한 학습 전략은 아이들의 효율적인 공부에 도움을 줍니다.

아울러 학습 결손이 생긴 아이는 스스로 어떻게 해야 할지 모르는 경우가 많으니 부모가 먼저 살펴야 합니다. 아이와 함께 학습 상태를 파악하고 알맞은 학습 전략을 활용해보는 시간이 필요합니다.

〖 아이와 나눌 질문 〗

1. 어렵거나 잘 안되는 과목이 있나요?
2. 그 이유를 분석해봅시다. 이전 학년에서 제대로 이해하지 못한 단원이 있는지 살펴봅시다.
3. 분석한 원인을 토대로 가장 우선적으로 해야 할 일부터 기록하고 실천 계획을 세워봅시다.

〖 친구들은 이렇게 생각했어요 〗

일을 할 때는 해야 할 목록을 만들고 지워나가면서 일을 합니다. 업무가 바쁜 와중에는 일이 한꺼번에 쏟아집니다. 일을 여러 개 적어놓고 시작하는데 무엇을 먼저 해야 할지 망설여집니다. 과부하가 걸릴 때는 어느 폴더를 클릭해야 할지 몰라 마우스를 뱅글뱅글 돌리고 있습니다. 일의 우선순위를 정할까 하다가도 안 그래도 시간이 없는데 이마저도 시간을 빼앗는 일 같아서 눈에 보이는 대로 합니다. 그랬더니 어딘가에 구멍이 생깁니다. 해야 할 일이 많을 때 우선순위를 정하는 것은 매우 중요합니다. 세계적인 비즈니스 컨설턴트 브라이언 트레이시는 성공을 위한 강력한 방법이 일에 우선순위를 정하는 것이라며 ABCDE 기법을 소개합니다.

이 기법의 핵심은 가장 중요한 일을 먼저 하는 것입니다. 사람은 누구나 해야 할 일보다 하고 싶은 일을 먼저 하는 경향이 있기 때문에 한 번씩 일의 우선순위를 상기시켜볼 필요가 있습니다. 간단히 말씀드리면 A는 반드시 해야 하는 일입니다. 하지 않으면 심각한 결과를 초래해요. B는 해야 할 일입니다. 하지 않으면 심각하지는 않으나 안 좋은 결과가 예상됩니다. C는 좋아하는 일인데 하지 않아도 큰 무리는 없습니다. D는 다른 사람에게 맡겨도 되는 일입니다. 자신의 시간을 아낄 수 있지요. E는 아무런 도움이 되지 않는 일입니다. 많이 할 경우 성취에 제약이 됩니다.

아이의 입장에서 살펴볼까요. 아이에게 하고 싶은 일, 해야 하는 일을 생각나는 대로 다 써보라고 합니다. 그러고 나서 ABCDE 기법에 따라 나누어봅니다. 우리 반 아이가 쓴 목록을 예로 들어보겠습니다. 강아지와 산책하기, 휴대폰 하기, 누워 있기, 피아노 연습하기, 최상위 수학 풀기, 바이올린 연습하기, 그림 그리기, 춤 연습하기, 모르는 단어 정리하고 암기하기, 친구랑 마라탕 먹기, 교과목 문제집 풀기가 있습니다. 한눈에 보았을 때 교과목의 경우 무엇을 먼저 해야 할지 감이 잡히지 않습니다. 학년이 올라갈수록 공부량이 많아지니까요. 아이의 생각에 따라 같은 목록이라도 우선순위가 달라질 수 있습니다. 뮤지컬 대회가 코앞이라면 노래와 춤 연습이 가장 우선순위가 될 것이고, 수학 실력 신장이 목표라면 최상위 수학 문제집을 푸는 것이 A가 됩니다. 우선순위를 정하다 보면 ABC에서 끝날 때도 있고 끝까지 다 차는 경우도 있습니다. 수학 및 학습 능력을 향상시킨다는 목적이라면 아래와 같이 나눌 수 있습니다.

A: 최상위 수학 풀기

B: 국어와 사회 문제집 풀기, 영어 모르는 단어 정리하기

C: 친구와 마라탕 먹기, 그림 그리기, 악기 연습하기

D: 강아지와 산책하기(동생이나 부모님에게 부탁하기)

E: 누워 있기, 휴대폰 하기(앞선 AB를 다 했으면 가능)

최우선 목표(A)가 너무 많으면 아이가 지칠 수 있습니다. 하고 싶은 것이 너무 많아도 성과를 내기 어렵습니다. 아이와 대화를 하며 조율합시다.

【 마음에 깊이 담기 】

친구와 사이좋게 지내자. 성적을 올리자. 운동하자. 이제 추상적인 목표만을 가지고 있는 시기가 지났습니다. 《맹자》이루(離婁)에서는 "사람들이 추구하는 도는 가까운 곳에 있는데 먼 곳에서 찾고, 사람들이 해야 할 일은 쉬운 곳에 있는데 어려운 곳에서 찾는다"라고 했습니다. 구체적으로 어떻게 해야 하는지 계획을 세워보세요. 해야 할 일은 가까이에 있습니다. 당장 가까이에서 한 발짝 내디딜 수 있는 일을 찾아보는 시간을 가져봅시다.

실천으로 옮기기가 너무 어려워요

*

옛사람들은 말을 가볍게 하지 않았는데,

이는 실천이 따르지 못할 것을 부끄러워했기 때문이다.

—《논어》 제4편 리인(里仁)

언행일치를 강조하는 글귀입니다. 말과 행동이 일치하기란 참 어렵습니다. 말을 내뱉는 건 한순간이지만 지키는 데는 많은 시간과 노력이 필요합니다. 조금만 돌이켜보면 말한 대로 사는 게 얼마나 어려운지 쉽게 알 수 있습니다. 아마 부모가 해줄 얘기도 많을 겁니다. 저도 아이에게 쉽게 얘기했다가 그 말을 지키느라 진땀을 뺀 적이 많습니다.

말한 대로 살고 싶지 않은 사람이 있을까요? 문제는 말은 하기 쉬운데 행동으로 실천하기 위해서는 여러 유혹을 이겨내야 한다는 겁니다. 당장 귀찮기도 하고요. 그럼 어떻게 하면 말한 대로 살 수 있을까요? 여기에서 '말'을 이루고 싶은 '목표'로 한정했을 때 아이들에게 행동을 독려하기 위해 알려주는 방법이 있습니다. 자녀에게도 함께 소개해주세요.

첫째 '공언하기'입니다. 공언하기는 앞으로 일어날 일에 대한 기대를 말합니다. 공언하기는 자칫 잘못하면 허황한 이야기로 들릴 수도 있습니다. '언행 불일치 아닌가?'라고 생각할 수도 있는데요. 공언하기는 아직 이루어진 일이 아니기 때문에 거짓말은 아닙니다. 추후 나의 행동에 따라 거짓이 될 수도 있고, 진실이 되기도 하겠죠. 그런데 이 공언하기는 오히려 행동을 추진하는 데 도움을 줍니다. 이루고 싶은 마음에 더해 다른 사람의 기대에 부응하고자 하는 마음이 생기기 때문입니다. 그래서 혼자 생각만 했을 때보다 이루게 될 확률이 높습니다.

두 번째는 일단 몸을 움직여보는 겁니다. 그리고 결과보다는 행동 목표로 말하는 게 좋습니다. 살을 뺀다고 말만 하면 미루기가 쉽습니다. 운동하기도 귀찮고요. '그냥 내일부터 할까?' 하는 생각이 쉽게 들지요. 이보다는 '아침에 일어나서 운동화를 신는다'라고 행동 목표로 말하는 게 좋습니다. 아침에 '물 한 컵 먹자'고 생각하면 다음 단계로 진행하기가 수월합니다.

세 번째로는 목표를 말했다면 목표의 눈금을 세분화해 기록하는 겁니다. 굵직굵직한 목표도 필요하지만 목표를 이루기 위한 세부 목표도 꼭 필요합니다. 아이들을 지도하다 보면 이 부분에서 가장 어려워합니다. 지속적으로 지도해야 합니다. 오늘 당장 실천하고 기록할 수 있도록 목표를 잘게 나누는 연습을 하고 이 목표를 이루려면 대략 며칠 정도 걸리는지 기간도 함께 생각해봅니다. 부모가 미리 정해주는 것보다는 아이가 스스로 하고 싶은 것을 정하고 실천해야 효과가 좋습니다. 추후 학습 계획을 스스로 짜는 데 자연스럽게 도움을 줍니다.

마지막으로는 친구와 함께 목표를 이루어보는 겁니다. 영어 원서 읽기라든지, 학년 필독 도서 읽기 등을 마음 맞는 친구와 함께 도전하게 되면 서로 자극이 되기도 하고 이야기도 잘 통해서 아이의 행동을 독려할 수 있습니다.

핵심 정리

아이들의 실천을 끌어내는 방법

1. 주변 사람들에게 공언하기

2. 결과 목표가 아닌 행동 목표로 말하기

예) 다이어트로 2킬로그램 뺀다! → 아침에 운동하러 나간다!

3. 목표 달성이 어려울 때는 목표의 눈금 세분화하기

예) 한자 1급 따기 → 하루 10자 외운다!

4. 이룬 실천을 기록하기 → 체크리스트 활용

5. 목표 달성 친구와 함께하고 나누기 → 마음 맞는 친구와 함께 목표 이루기

〖 아이와 나눌 질문 〗

1. 상대방의 말과 행동이 달라 어려움을 겪은 적이 있나요?

2. 내가 했던 말과 행동이 달랐던 적이 있나요?

3. 실천을 잘 하기 위해서 어떻게 노력하면 좋을까요?

〖 친구들은 이렇게 생각했어요 〗

아이들과의 이번 글귀 나눔은 신선했습니다. 말과 실천의

관계에 대해 집중해서 이야기를 나누었는데요. 말을 하고 나서 행동이 따르지 못해 어려웠던 경험이 아주 많을 거라고 예상했 거든요? 그런데 얘기를 들어보니 성격에 따라 아이들이 생각 하는 바가 달랐습니다.

먼저 두 가지 유형으로 나뉘었습니다. 첫째 유형은 '일단 말 한다파'입니다. 저도 하고 싶은 일이 생기면 말부터 하는 타입 인데 이 친구들이 그렇습니다. '나 오늘 숙제 이틀 치 다 한다.' '오늘 영어 단어 100개 외운다!' 하고 말해놓고는 못 할 때가 진 짜 많답니다. 말한 대로 다는 못 하지만 조금은 하죠. 말해놓 고 지키려는 노력을 하는데 안 되면 또 고치거든요. 그런데 다 른 유형의 아이들이 있습니다. 한 명이 고개를 갸웃거리며 말 합니다.

"선생님! 지키지 못할 말을 왜 하죠?"

교실이 조용해집니다. "저는 말을 하면 행동해야 하기 때문 에 말할 때 늘 생각해요. 행동을 한다고 힘든 것보다 차라리 말 을 참는 게 훨씬 쉬워요."

놀랐습니다. 이 친구는 말하기 전에 뒤에 따라올 행동까지 신중하게 고려한다는 겁니다. 바꿔 말하면 이 아이는 말을 하 면 무조건 지킨다고 봐야죠. 그런데 생각보다 우리 반에 이 유 형이 많았습니다.

앞서 말했던 '일단 말한다파' 아이가 볼멘소리로 말합니다. "무슨 말도 못 하냐! 말했어도 안 되면 고쳐서 또 하면 되지. 뭘 그렇게 어렵게 생각해!" 그랬더니 '신중파' 아이도 맞섭니다. "지키지 못할 말을 해서 다른 사람을 실망시킬 필요는 없다고 봐. 말을 했으면 지켜야지."

오늘의 《논어》 글귀는 '신중파' 아이들을 지지하고 있습니다. 행동하지 못할 바에는 말하지 말라고요. 가만 보니 아이들이 놓치고 있는 문제가 한 가지 있네요. '말한다파' 친구는 자기와의 약속에 대한 말하기 즉, '공언하기'를 얘기하고 있고, '신중파' 학생의 경우에는 상대방과의 관계에 있어서의 말하기에 무게를 두고 있었습니다. '신중파' 아이들의 말대로 상대방에게 영향을 주는 말을 해놓고 행동이 따라오지 않으면 친구 관계가 나빠질 수 있습니다. 다만, 자신과의 약속은 말과 조금 달라도 크게 무리가 없겠죠.

아이들과 함께 정리했습니다. 일단 말을 하면 지켜야 합니다. 특히 상대방과 관련이 있을 때는 쉽게 말해서는 안 됩니다. 친구가 기대했다가 실망할 수 있고, 약속을 했는데 지키지 않아 신뢰에 금이 갈 수도 있기 때문입니다. 단, 자신과의 약속일 때에는 지키려고 노력하되 잘 안될 경우에는 수정해도 괜찮습니다.

　옛 선현들도 책을 읽고 몸소 실천하기는 어려웠나 봅니다. 《격몽요결》 독서장(讀書章)에는 "입으로만 글을 읽을 뿐 마음으로 이를 따르지 않고 몸소 행동하지 않는다면 책은 책대로 나는 나대로일 뿐 무슨 유익함이 있겠는가?"라는 글귀가 나옵니다. 세상에 좋은 책은 많습니다. 배울 점도 많지요. 다만 배울 점을 직접 실천해야 진정한 내 것이 됩니다. 책을 읽고 마음에 새길 점과 행동으로 옮길 점을 간단하게 기록하고 실천해보면 어떨까요?

나에게 맞는 직업은 뭘까요?

✳

적을 알고 나를 알면 백 번을 싸워도 위태롭지 않다.

적을 모르고 나를 알면 한 번은 이기고 한 번은 진다.

적을 모르고 나도 모르면 싸울 때마다 반드시 위태롭다.

—《손자병법》 모공편(謀攻篇)

이번 글귀는 《손자병법》에서 가장 널리 알려진 지피지기 백
전불태(知彼知己 百戰不殆)입니다. 아이들도 굉장히 좋아하는
글입니다. 이 글은 진로 교육과도 잘 맞습니다. 지난번의 진로
교육이 '어떤' 사람이 되고 싶은지에 대한 가치 형성이 주였다
면 이번에는 자기 이해와 더불어 원하는 진로 직종에 대해 적
극적으로 알아보는 시간입니다. 목표하는 직종이 요구하는 바
를 알고(知彼) 나의 강점과 개성을 알면(知己) 원하는 직업을
가질 수 있습니다. 그런데 진로에 별생각이 없다가 수능 성적
을 받은 후에야 점수에 맞춰서 대학과 과를 정하는 친구도 부
지기수입니다.

초등학생은 어떻게 진로 교육을 해야 할까요? 사실 초등학
생 때부터 원하는 직업이 하나로 굳어진 경우는 드뭅니다. 교
육 과정에 명시된 바와 같이 초등 진로 교육은 자기 이해와 진
로 탐색의 시기입니다. 먼저 자기를 긍정하고 자신의 특징과
개성을 알아가는 시간이 필요합니다. 다양한 동아리 활동이나
취미 생활 등 최대한 여러 분야에 도전해보고 경험을 쌓아가는
것이 중요합니다. 멋있어 보여서, 따라 하고 싶어서, 부모님이
원하는 직업이라서 결정하기보다는 아이 스스로 직업을 선택

할 수 있어야 합니다.

다음으로 일과 직업의 세계에 대해 탐색하는 시간이 필요합니다. 4차산업혁명, 인공지능 시대를 맞으며 새로운 직업이 생기기도 하고 기존의 직업들이 없어지기도 합니다. 이렇게 변화하는 세상에서 다양한 직업군에 대해 알고 자기와 접목시켜보는 시간은 반드시 필요합니다. 진로 교육에 도움을 줄 수 있는 방법을 몇 가지 안내해드리겠습니다.

첫째, 우리 아이에 대해 알아봅시다. 아이의 관심사와 강점이 무엇인지 대화도 자주 해보고 객관적인 진로 적성 검사 자료도 참고합니다. 교육부에서 운영하는 진로 정보망 커리어넷 사이트도 유용합니다. 회원 가입을 하면 각종 진로 검사를 무료로 받을 수 있습니다. 청소년용으로는 직업 적성 검사, 직업 흥미 검사, 직업 가치관 검사 등이 있습니다. 또한, 초등학생 대상의 주니어 커리어넷에는 초등 고학년과 저학년으로 나누어 직업 흥미 검사를 할 수 있으며 결과도 바로 나옵니다.

둘째, 진로 자료를 함께 찾아봅시다. 진로는 미래의 직업까지 생각하면 굉장히 넓은 범위입니다. 커리어넷 사이트는 미래 직업군도 다양하게 소개하고 있습니다. 직업 흥미 검사를 했다면 그와 어울리는 직업군도 함께 살펴보고, 학교에서 하는 진로 적성 검사도 활용하여 흥미를 끄는 직업군의 관련 기사나 전공 방법을 검색해봅시다. 유튜브를 활용해서 정보를 찾아봐도 좋겠지요.

셋째, 지금까지 찾은 자료를 통해 진로 계획 로드맵을 짜봅시다. 아직 초등학생이니 범위만 정해도 됩니다. 직업이 아니라 직업군으로 묶어도 좋고, 다양한 분야에 흥미가 있다면 분야를 여러 개 써두어도 좋습니다. 가고 싶은 학과나 전공은 어떻게 준비해야 하는지 기록해두고, 진로가 변경되었다면 변경된 이유에 대한 기록도 남기며 진로 맵을 만들어봅시다.

【 아이와 나눌 질문 】

1. 주니어 커리어넷 사이트를 활용하여 진로 흥미 탐색 검사를 해보고 결과를 기록해봅시다.
2. 나의 강점과 어울리는 직업을 정리해봅시다.
3. 가장 마음에 드는 직업을 고르고 책이나 유튜브에서 조사한 바를 기록해봅시다.

누구나 자기만의 개성이 있기 때문에 보람을 느끼는 직업이 다릅니다. 직업 또한 요구하는 조건이나 특성이 있습니다. 이를 서로 잘 살펴서 나와 맞는 직업을 찾는 것이 중요합니다. 직업을 선택할 때는 자신이 잘하는 분야가 좋습니다. 좋은 성과를 낼 수 있기 때문입니다. 관심과 흥미가 있으면 더 좋지요. 창의적 체험 활동 진로 시간에 직업 흥미도 검사를 해보았습니다(주니어 커리어넷 → 고학년 진로 흥미 탐색). 커리어넷에서 제시하는 진로 흥미 유형은 크게 현실형, 탐구형, 예술형, 사회형, 진취형, 관습형, 이렇게 여섯 가지입니다.

현실형은 현실 감각이 뛰어나고 신체 능력이나 손재주가 우수하며, 탐구형은 학구적이고 호기심과 논리적 분석 능력이 뛰어납니다. 예술형은 창의성과 감수성이 뛰어나고 직관적 표현 능력이 우수하며, 사회형은 공감 능력이 뛰어나고 대인 관계가 좋습니다. 진취형은 리더십과 경쟁심이 있고 목표 지향적으로 도전하는 힘이 있으며, 관습형은 계획적이고 성실하며 사무 능력이 뛰어납니다.

검사를 해보니 한 가지 능력이 우세한 아이들도 있지만 두세 가지 영역이 중첩되어 나타나는 아이들이 더 많습니다. 다방면에서 흥미를 보이는 아이도 있고 전체적으로 수치 범위가 작은 아이도 있습니다. 아이의 검사 결과에 따라 관심 있는 직업을 찾아 동영상도 살펴보고 직업에 대해 알게 된 점을 노트에 정리해보았습니다. 아이들의 소감을 들어보니 진로 지도는 꾸준히 업데이트해서 계속해야겠다는 생각이 듭니다.

한 친구는 원래 꿈은 경찰인데 이번에 다양한 직업을 검색하다가 동물 사육사에도 관심이 생겨서 더 알아보고 싶답니다. 한 여학생은 손으로 만드는 것을 좋아해 공예원이 꿈인데, 공예원이 목공예원, 석공예원, 도자기 공예원, 칠공예원, 금속공예원 등 사용하는 재료에 따라 많은 분야가 있다는 걸 알게 되어서 더 고민하겠대요. 끼가 많아서 연예인을 꿈꾸는 남학생은 연예인의 상위 연봉과 하위 연봉의 격차가 커서 깜짝 놀랐다고 합니다. 유명 연예인은 연봉이 매우 높지만 무명 연예인은 그렇지 못하지요. 막연하게 연예인을 하겠다고 꿈꾸는 것과, 연예인이라는 직업을 꿈꾸면서 감안해야 할 부분을 아는 것은 다릅니다.

아이의 꿈은 계속 바뀌고, 흥미와 재능이 초등 시기에 다 발현되는 것도 아닙니다. 분기별로 관심을 가지고 아이의 진로에 대해서 이야기 나누는 시간을 가지면 좋겠습니다.

대기만성(大器晚成)이라는 사자성어는 《도덕경》의 글귀에서 유래되었습니다. "큰 네모는 모퉁이가 없고 큰 그릇은 나중에 이루어진다. 큰 소리는 들을 수 없고 큰 모양은 볼 수가 없다." 큰 그릇을 만들기 위해서는 오랜 시간의 노력이 필요합니다. 목표가 클수록 당장 좋은 결과를 보기가 힘들지요. 그럼에도 천천히 가다 보면 끝도 없이 직선일 것 같은 길 위에서 모서리의 끝을 만나는 날이 올 거예요. 당장 원하는 결과가 나오지 않는다고 해서 조급해하지 말자고요. 큰 그릇은 늦게 만들어집니다. 꿈을 위해 멀리 보고 꾸준히 노력하는 아이들을 언제나 격려해주세요.

나가며

"무슨 전생에 선비냐?"

오랜만에 집에 놀러 온 남동생이 식탁 위에 놓인 《논어》를 보고 한마디 합니다. 《논어》를 시작으로 《채근담》《명심보감》《맹자》《장자》《소학》 등 여러 동양 고전을 읽고 있습니다. 읽다 보니 알았어요. 생각하는 것만큼 고전이 어렵지 않다는 것을요. 고전은 어떨 땐 자기 계발서가 되고, 어떤 날은 육아서가 되고, 어떤 날은 눈물의 일기장이 되기도 했어요. 좋은 문장을 보고 있으면 혼자 읽기 아까워 아이들과 같이 읽기도 하고 칠판에 써서 나누기도 합니다. 아이들의 생각을 듣는 재미가 얼마나 큰지 모릅니다. 이젠 고전의 글귀를 보면 아이들이 어떻게 생각할지가 궁금합니다. 아이들은 제가 모르는 해답을 갖고 있었고, 문장에 대한 새로운 시각으로 저를 깜짝 놀라게 할 때도 많았어요. 그만큼 아이들과 고전을 읽고 나누는 시간은 교과 학습을 넘어서 교사와 학생의 유대를 끈끈하게 하는 역할을 했습니다. 고전 교육을 준비하는 부모님께 이 세 가지는 꼭 말씀드리고 싶습니다.

첫째, 아이의 결과물이 탐탁지 않더라도 잘 가고 있는 것 맞습니다. 바라는 만큼 아이가 잘 따라오지 않거나 결과물이 썩 좋지 않을 때 좌절하지 않았으면 좋겠습니다. 지도하다 보면 힘 빠질 때가 있습니다. 생각을 써야 할 때 귀찮아서 '그냥' '모르겠음'이라고 대충 쓴 글을 접하면 '나만 좋아서 이러나' 싶은 생각이 듭니다. 이에 대한 고민이 많을 때 《교사를 위한 온작품 읽기》에서 이런 글을 만났습니다.

감상은 정서 영역에 속하기 때문에 작품을 본 후 표현하는 능력의 차이가 감상 정도와 같지 않다.

이 글을 읽자마자 알겠더라고요. 어른도 책을 읽어서 좋기는 한데 뭐라고 말해야 할지 모를 때가 있잖아요. 아이들도 마

355

찬가지예요. 고전을 읽고 남다르게 표현하지 않는다 하더라도 머릿속에서 아무 작용도 일어나지 않은 것은 아니거든요. 말 그대로 '감상의 정도'와 '표현하는 능력'의 차이가 절대 같지 않다는 뜻입니다. 고전을 읽고 마음으로 느낀 바를 잘 표현하지 않더라도 꾸준히 읽는다면, 고전이 아이의 삶을 잔잔하게 밝혀줄 빛이 되리라고 생각합니다.

둘째, 내 아이와 맞는 고전 읽기 방법을 찾아야 합니다. 저는 아이 둘을 키우고 있는데요, 첫째와 둘째가 무척 다릅니다. 첫째가 좋아했던 공부 방식이 둘째에게는 효과가 없고, 첫째가 거들떠보지도 않았던 책을 둘째는 눈에 불을 켜고 읽곤 합니다. 신기한 점은 교실에서도 그렇다는 겁니다. 고전 읽기 첫해의 6학년 아이들은 기록에 강했습니다. 독서 노트가 1년이 지나면서 한 움큼씩 쌓여갔습니다. 고전 글귀를 필사하고 그 아래에 파란 색깔로 쓴 아이의 생각을 읽는 재미가 컸습니다. 그래서 아이들과 많이 썼습니다. 둘째 해는 아이들이 쓰는 걸 정말 힘들어했습니다. 생각도 잘 안 난다고 하고요. 그런데 말하기를 잘했습니다. 하도 손을 많이 들어서 수업 진행이 안될 정도였는데 그게 장점으로 이어졌습니다. 고전 글귀를 읽고 할말이 많다며, 빨리 얘기 나누자고 한 아이들이 둘째 해의 아이들입니다. 그래서 이때는 토의 토론을 많이 했습니다. 셋째 해에는 중학년을 맡았습니다. 고학년에 비해 말과 글이 뛰어나지는 않았지만 어려서 그런지 고전 글귀를 그대로 흡수하는 듯한 느낌을 받았습니다. 또박또박 필사하고 간단하게 이야기를 나누었죠. 같은 책, 같은 문장으로 이야기를 하더라도 각 반의 성향이 어떤 강점이 있느냐에 따라 고전 읽기 방식을 바꾸었습니다. 아이마다 성향과 기질이 다를 거예요. 부모마다 선호하는 방식도 다를 거고요. 아이와 부모에 맞게 어떤 방식이든 꾸준히 해나가면 좋겠습니다.

셋째, 부모와 아이가 함께 고전을 나눈다는 것 자체에 의미가 있습니다. 《명심보감》 수업 시간이었는데 한 남학생이 책을 빠뜨리고 안 들고 왔습니다. 책도 자주 잃어버리고 고전 읽기도 설렁설렁 하는 장난꾸러기 아이입니다. 귀여운 애제자인데요. 그날도 어김없이 책을 안 가져왔다고 하기에 제 책을 빌려줬습니다. 그런데 수업이 끝나고 "선생님 이 책이 너무 소중해요"라며 책을 꼭 끌어안는 겁니다. 6학년 남자애가 말이죠. 생뚱맞게 갑자기 무슨 소리냐고 했더니 아이가 제 《명심보감》 책의 맨 앞장을 보여줍니다.

2021년 6학년 아이들과 읽다.

이 글귀가 너무 좋다는 거예요. 그냥 감동이래요.《명심보
감》속의 수많은 글귀보다 제가 끄적인 저 한 줄에 아이가 감동
하는 걸 보면서 아이에게는 교사나 부모와 함께 읽는 시간 자
체가 소중한 경험일지도 모르겠다고 생각했습니다. 고전을 읽
으며 지혜도 쌓고 자기표현 능력을 키우는 것도 중요하지만 아
이와 즐거운 추억을 쌓는 것에 초점을 두면 아이도 부모도 모
두 즐거운 고전 읽기가 될 수 있으리라 생각합니다.

고전을 읽으면서 부끄러움이 밀려올 때가 많습니다. 고전
글귀처럼 행동하지 못할 때가 많기 때문입니다. 하지만 도덕적
이상향에 도달하지 못하더라도 닿으려고 노력하는 부분은 분
명히 있습니다. 행동하기 전에 한 번 더 생각해보기도 하고, 욱
해서 감정대로 행동하려다가도 멈칫하기도 하고, 지난 일을 떠
올리며 다르게 했다면 더 좋았을 거라고 후회도 합니다. 고전
을 읽다 보니 이 후회조차도 흘려보내야 함을 알기에 또 그렇
게 떠나보냅니다.

좋은 사람이 되기가 참 어렵습니다. 그에 대한 증거는 고전
글귀에서도 볼 수 있습니다. 같은 상황임에도 상충하는 내용

이 많아요. 어떤 일을 처리함에 있어서 철저하게 하라고도 하고, 할 수 있는 만큼만 하라고도 합니다. 사람 때문에 힘들 때 그 사람을 신경 쓰지 말라고도 하고, 그 사람을 끝까지 품어주라고도 합니다. 다른 사람의 비위를 맞추라고 할 때도 있고, 자신의 신념을 지키라고도 합니다. 목적을 향해 부단히 나아가라고도 하고, 현재에 만족하며 유유자적하게 지내라고도 합니다. 결국 고전도 현재 내 마음 상태에 따라서 알맞은 글을 '선택'하고 '실행'하는 것입니다. 고전을 읽고 행동하는 모습 또한 그저 '나'를 찾아가는 행위인 겁니다.

고전 교육을 한다고 해서 버릇없던 아이가 갑자기 예의 바르게 행동하고 게으르던 아이가 아침에 일찍 일어나 공부를 열심히 하지는 않습니다. 고전 교육은 교과 공부처럼 효과가 눈에 바로 드러나지 않아요. 그럼에도 한 듯 안 한 듯, 아는 듯 모르는 듯 친구와 스치며 나누는 대화 속에서, 아직 행동은 잘 안 되지만 잘해보고자 다짐하는 자투리 글 속에서 힌트를 찾습니다. 가랑비에 옷이 젖는 것처럼 고전은 아이들의 생활 속에 스며들어 아이에게 다가올 삶의 수많은 선택의 과정에 도움이 될 것입니다.

    고전 교육이 책이 되리란 생각을 못 하던 때, 고전 수업 자료를 책으로 엮어보라고 조언해주신 온라인교육커뮤니티 '인문하다' 선생님(책엄샘, 월링샘, 솜결샘, 책꿈터양샘) 감사합니다. 독서 교육 멘토《초등 메타인지, 글쓰기로 키워라》의 저자 김민아 선생님, 《지안이는 1학년》의 저자 전영신 선생님 감사합니다. 책 출간 소식에 함께 기뻐해준 학교 동료 선생님들, 언제나 힘을 주는 대학 선배이자《밀알샘 자기경영 노트》의 저자 김진수 선생님과 자경노 선생님들께도 감사합니다. 누구보다 든든한 지원군인 남편과 부모님께 감사합니다. 책 쓸 때 옆에 앉아 함께 기다려준 예원이와 주원이에게 미안함과 고마움과 사랑을 전합니다. 원고를 정성스럽게 책으로 만들어주신 서사원 출판사의 장선희 대표님과 현미나 팀장님께 감사합니다. 무엇보다 고전 교육을 함께한 우리 반 제자들에게 무한한 감사와 사랑을 보냅니다.

이 책만은 꼭 완역본으로 읽어보세요!

아이와 읽기 좋은 고전 책을 소개하기에 앞서 한 책을 정하면 여러 번 읽을 것을 추천합니다. 무슨 책이든 다독을 하면 좋지만 고전은 더욱 좋습니다. 저도 《명심보감》을 혼자서도 읽고, 수업 준비하면서도 읽고, 수업하면서도 읽고, 이번 책을 쓰면서도 읽었는데, 볼수록 새롭고 다시 봐도 좋습니다. 읽을 때마다 새롭게 깨닫는 점이 많습니다. 그래서 마음에 드는 고전 책을 한 권 정했다면 아이와 2회독, 3회독 하면서 깊이 있게 읽을 것을 추천합니다.

고전을 읽기로 마음먹어도 어떤 책으로 시작할지가 고민입니다. 아이들 눈높이에 맞고 생활에 가장 가깝게 와닿을 만한 책으로 다섯 권을 소개합니다.

1. 《사자소학》

초등 저학년이라면 《사자소학》을 추천합니다. 여기서 《소학》과 《사자소학》은 다릅니다. 《소학》은 유교 사회의 도덕규범 중에서 기본적이고 중요한 내용을 여러 경전에서 가려 뽑아 만든 유학 교육의 입문서입니다. 그런데 읽어보면 당시의 시대상을 그대로 반영하고 있어 봉건적이고 가부장적인 내용이 많습니다. 만약 읽는다면 고학년으로 두고 싶습니다. 반면에 《사자소학》은 아이들과 읽기에 좋습니다. 《사자소학》은 《소학》과 기타 경전을 바탕으로 어린이가 이해하기 쉬운 내용을 뽑아 한자로 엮은 책입니다. 생활 속에서 지켜야 할 도덕규범을 쉬운 문장으로 풀어서 썼기 때문에 누구나 쉽게 이해할 수 있습니다. 《사자소학》은 과거에도 《명심보감》과 《동몽선습》을 배우기 전에 초학자들의 기초 교재로 널리 사용되었습니다. 《사자소학》은 말 그대로 네 글자이기 때문에 한자 교육과 병행해도 좋습니다. 글귀가 단순해서 따로 뜻을 설명해줄 필요가 없을 만큼 직독 직해가 됩니다. 부모에 대한 효도, 형제간의 우애, 친구와의 우정, 스승과 제자 사이의 공경 등 올바른 행동을 직접적으로 다루고 있습니다. 출필고지 반필배알(出必告之 返必拜謁, 외출할 때는 반드시 행선지를 부모님께 아뢰고, 집에 돌아와서는 반드시 부모님께 절하고 뵈어라)과 같이 기본적인 예절과 생활 습관을 잡아주는 글귀가 많습니다.

2.《명심보감》

여러 동양 고전 중에《명심보감》이 특히 좋은 이유는 생활과 밀접하게 연관되어 있기 때문입니다.《명심보감》에는 아이들이 쉽게 공감할 수 있고 자신의 생각을 자연스럽게 끌어내는 문장이 많습니다. 아이에게 해주고 싶은 말을 이 책에 다 써놨다는 생각이 들 정도입니다. 착하게 살아라, 마음을 보존하라, 부지런히 배워라, 마음을 살펴라, 친구를 잘 사귀어라, 효도를 하라 등《명심보감》의 소주제만 봐도 이를 알 수 있습니다.

학교에 있다 보면 아이들이 종종 다투는 걸 봅니다. 이날도 두 아이가 싸웠습니다. 일단 상한 기분을 달래줘야 하기 때문에 다툰 친구에게 속상했던 일을 종이에 쓰라고 했습니다. 두 아이 다 얼마나 할 말이 많은지 A4 용지 가득 써 내려갑니다. 이제 종이를 바꾸어 친구의 입장도 생각해보라고 합니다. 아이들은 자신의 잘못도 있었다고 인정하고 사이좋게 사과합니다. 이렇게 훈훈하게 마무리되면 좋겠지만 현실은 그렇지 않습니다. 형제자매가 있는 부모님들은 많이 공감하실 겁니다. 솔직히 둘 다 잘못했습니다. 아이들도 모르지 않습니다. 둘 다 자기 잘못을 알지만 인정하는 게 참 힘이 듭니다. 뭐, 아이만 그런가요. 어른도 그렇지요. 가까스로 지도했는데, 뒤끝이 찜찜할 때가 많습니다. 이날도 어김없이 아이들과 읽으려고 《명심보감》을 펼칩니다. 그런데 딱 이런 구절이 나오는 겁니다.

> 나에게 착하게 하는 사람에게도 착하게 대하고,
> 나에게 나쁘게 하는 사람에게도 역시 착하게 대하라.
> 내가 그 사람을 나쁘게 대하지 않았다면
> 그 사람도 나를 나쁘게 대하지 않는다.
>
> ―《명심보감》 제1편 계선(繼善)

가끔 우연히 펼친 책 속에서 딱 맞는 문장을 만나기도 하는데 이날의 우리 반이 그랬습니다. 이렇게 말하고 싶었습니다. "여기 《명심보감》의 문장 좀 봅시다. 서로가 서로에게 잘했으면 싸우지 않죠"라고 잔소리하고 싶었지만 꾹 참고 "오늘 문장 참 좋다" 하고 마무리했습니다. 이 문장이 저에게만 와닿았던 것은 아닌 것 같습니다. 며칠 뒤 주제 글쓰기에서 다시 만났습니다.

> 무시
>
> 친구랑 싸웠다. 친구는 나에게 말을 하지 않는다. 나도 하지 않는다. 잠시 생각해보니 학교에서 배운 내용이 떠오른다. 나쁘게 대하는 사람에게 나는 착하게 대하려고 인사도 먼저 했다. 하지만 친구는 나의 말을 무시한다. 나도 기분이 나빠 다시 무시했지만 나의 마음은 언제 놀까 생각 중이다.

5학년 때 친했던 친구인데 6학년 들어와서 사이가 소원해졌나 봅니다. 상대 친구가 우리 반 여학생을 무시하고 좋게 행동을 안 했나 봐요. 그때《명심보감》속 글귀가 생각나서 용기를 내어 먼저 인사를 했답니다. 얼마나 기특한가요. 잠깐 읽은 문장도 생활 속에서 실천으로 옮겨진다는 걸 아이의 글을 보고 알았습니다.《명심보감》은 아이의 삶과 가깝고 쉽게 이해할 수 있기 때문에 인성 지도에도 도움이 됩니다.

3. 《채근담》

《채근담》은 동양의 《탈무드》라고 불리며 입신출세나 부귀
공명이 아닌 풀뿌리를 먹듯 평범하고 담담하게 사는 즐거움
을 담고 있습니다. 전집 223장, 후집 135장으로 나뉘어 있는
데, 전집은 벼슬을 할 때나 다른 사람과의 관계에 있어서 어떻
게 행동하면 좋은지를 다루고 있고, 후집은 자연의 아름다움
과 한가롭게 살아가는 인생의 즐거움을 다루고 있습니다. 《채
근담》은 유교뿐만 아니라 불교, 도교 등 여러 동양 사상을 담
고 있습니다.

《채근담》은 적극적인 성격의 사람에게는 인생을 대하는 자
세가 다소 소극적으로 비칠 수 있습니다. 이러한 문장 또한 아
이의 의견은 어떤지 물어보며 생각의 지평을 넓히는 기회로 활
용하면 됩니다. 《채근담》에는 인생을 살아가는 데 지침이 될
만한 주옥같은 명문장이 많으니 꼭 아이와 함께 읽어보기를 추
천합니다. 《채근담》을 읽다가 깜짝 놀란 문장 하나를 소개하겠
습니다.

> 분노의 불길이 솟아오르고 욕망의 파도가 굽이칠 때,
> 분명 옳지 않다는 것을 알면서도 버젓이 범하고야 만다.

아는 자는 누구이고 범하는 자는 누구인가? 그것은 모두 자기 자신이다. 그러니 분노와 욕망이 일어나려는 순간에 생각을 확 돌이키면 사악한 마귀도 본래의 참마음으로 돌아갈 것이다.

—《채근담》 전집 119장

이 문장을 보자마자 등줄기가 시렸습니다. 아이를 키우다 보면 분노의 불길이 활활 타오를 때가 있습니다. '이러면 안 돼. 나중에 후회할 거야' 하고 머릿속에서는 회오리치는데 일단 소리부터 지르고 맙니다. '잘못임을 아는 자'도 '나'이고 '잘못을 범하는 자'도 '나'입니다. 고전이 육아서도 되더군요. '분노와 욕망이 일어나려는 순간에 생각을 확 돌이켜라'를 한 번 더 다짐하는 계기가 되었습니다.

4 《논어》

《논어》는 2500년이나 되는 세월 동안 살아남은 고전 중의 고전입니다. 시대를 뛰어넘어 삶의 지혜를 전하는 동양 철학의 최고봉이라고 표현합니다. 《논어》는 한자 그대로 토론하고 말한다는 뜻입니다. 그래서 대화 형식이 많습니다. 《논어》는 공자가 돌아가신 후 제자들이 공자의 말씀을 모으고 정리하여 펴낸 유교 경전입니다. 총 20편이며 《명심보감》처럼 1편씩 나누어 읽기 좋게 구성되어 있습니다. 다만, 《명심보감》보다 순서가 뒤인 이유는 읽기에 조금 어렵습니다. 《명심보감》은 일반 명언집 형식인데 《논어》는 대화체도 많고 무엇보다 공자의 제자들이 많이 나옵니다. 처음에는 안회, 자로, 자공, 자하 등 제자 한 명 한 명을 다 따로 찾아보면서 읽었는데, 이렇게 하다 보니 진도도 안 나가고 어렵다는 생각이 들었습니다. 고전 공부를 할 때 처음부터 힘을 많이 들이면 아이와 함께 읽기도 전에 부모가 지칠 수 있습니다. 어려운 부분은 여러 번 읽으면서 깊이를 쌓기로 하고 처음에는 쉬운 문장 위주로 공부해나갑니다. 《논어》는 아이들과 칠판 편지로 많이 활용했습니다. 좋은 문장이 많습니다. 예시 문장을 하나 볼까요?

이미 이루어진 일은 논란하지 말고, 끝난 일은 따지지 말며, 지나간 일은 다시 탓하지 않는 것이다.

―《논어》제3편 팔일(八佾)

안 그래야지 하면서도 지나간 잘못을 아이에게 다시 상기시켜 이야기하고, 후회하는 예전 일을 자꾸 떠올려 스스로 괴로울 때가 있습니다. 이미 이루어진 일은 돌이킬 수 없고, 지나간 일은 그저 지나간 일입니다. 《논어》의 글귀를 통해 과거에 매여 있기보다는 앞으로의 일에 초점을 두는 자세를 갖추려고 합니다.

5.《맹자》

《맹자》는 유교의 기본 경전인 '사서' 중의 하나로 2000년 이상 널리 읽힌 유교의 정치 철학서이자 자기 수양서입니다. 동양 사회 지도자들의 필독서였으며 현대에도 도덕적 리더십의 지침서로 널리 활용되고 있습니다. 《맹자》는 힘으로써 나라를 다스리는 패도 정치가 아닌 인(仁)과 의(義)라는 도덕적 가치에 기반을 두고 덕으로써 백성을 다스리는 왕도 정치를 주장합니다. 또한 대장부(大丈夫), 오십보백보(五十步百步), 자포자기(自暴自棄) 등 요즘에도 많이 쓰는 용어들의 원전이기도 합니다. 《맹자》는 살아가면서 반드시 읽어야 할 고전으로 꼽히지만 앞서 소개한 책에 비해 초등학생이 읽기에는 다소 어려울 수 있습니다. 두세 줄의 단문이 아니라 이야기 형식으로 되어 있고 시대적 배경과 정치에 대한 기본 이해가 필요합니다. 따라서 시중에 나와 있는 초등학생 수준의《맹자》를 먼저 읽으며 배경지식을 쌓고 난 뒤 완역본까지 차근차근 접하기를 권장합니다.《맹자》의 글귀 하나를 볼까요.

> 부모가 자식에게 올바른 것을 가르치려고 질책해서는 안 된다. 자식을 질책하다 보면 성을 내게 되고 사이가 멀어지는데, 부모 자식 간에 사이가 멀어지는 것보다 더 나쁜 일은 없다.
>
> —《맹자》이루(離婁) 상

공손추는 맹자에게 군자는 자식을 왜 직접 가르치지 않느냐고 묻습니다. 소개한 글은 맹자가 대답하는 부분입니다. 군자도 자식을 가르치면서 성을 냈나 봅니다. 군자도 그렇다니 한편으로 위안이 되기도 했는데요. 부모가 선한 행동을 가르쳤는데 자식이 따르지 않으면 화가 납니다. 부모가 자식에게 화를 자주 내면 자식의 마음이 상합니다. 마음이 상하면 관계가 나빠져요. 옛날에는 이를 경계하여 마음 맞는 어진 사람들끼리 자식을 바꾸어 가르쳤다고 합니다.

아이에게 행동의 적정선을 가르치다 보면 지칠 때가 많습니다. 아이에게 화를 내기도 해요. 아이가 클수록 틀어진 관계를 회복하는 데 시간이 많이 걸립니다. 아이를 사랑하는 마음에서 출발했기에 그 결과가 더 안타깝습니다. 아이를 나무랄 때도 있겠지만, 아이에게 사랑 표현을 더 많이 해주고 좋은 추억을 많이 쌓겠다고 다짐합니다. 가장 중요한 것은 부모 자식 간의 관계라는 것을 잊지 말아야겠습니다.

동양 고전 초등 도서 목록

※ 어린이 대상 고전에서 만화책은 제외했습니다.
※ 성인 대상 고전 완역본은 추천 도서 외에도 다양한 출판사가 있으니 참고용으로 활용하세요.

사자소학

책 제목	지은이/옮긴이	출판사	비고
어린이를 위한 사자소학 쓰기노트	시사정보연구원	시사패스	글씨 쓰기 위주
처음 만나는 사자소학	표시정	미래주니어	바로 뜻과 깊은 뜻이 있어 한자 공부보다는 뜻과 내용을 익히고 대화하는 데 좋음
인성 쑥쑥 한자 쑥쑥 초등 사자소학	송재환	위즈덤하우스	한자 소개와 더불어 생각해볼 문제에 대한 답을 쓸 수 있는 칸이 있음
가장 쉬운 초등 사자소학 따라쓰기 하루 한 장의 기적	동양북스 콘텐츠기획팀	동양북스	하루 한 장 날짜별로 나뉘어 있고 따라 쓰기, 필사, 생각해볼 내용으로 구성
하루 딱 한 장으로 사자소학 천재 되기	강효미	다락원	만화로 동기 유발을 하고 필사할 수 있음. 대화 나누기 좋은 소재와 교훈점을 알려줌
어린이를 위한 사자소학 따라쓰기	HRS 학습센터	루돌프	한글 필사 중심
초등 사자소학	분당강쌤	시원북스	사자소학과 함께 연계 한자 단어를 수록하여 어휘력 학습에 도움을 줌

명심보감

책 제목	지은이/옮긴이	출판사	비고
명심보감	추적/백선혜	홍익	완역본
어휘 쑥쑥 논리 쑥쑥 초등 명심보감	송재환	위즈덤하우스	한자 소개와 더불어 생각해 볼 문제에 대한 답을 쓸 수 있는 칸이 있음
어린이를 위한 명심보감 따라쓰기	HRS 학습센터	루돌프	한글 필사 중심
기적의 명문장 따라 쓰기 : 명심보감 편	박수밀	길벗스쿨	한자와 한글 필사 중심
어린이를 위한 명심보감 쓰기노트	범입본/시사정 보연구원	시사패스	한자와 한글 필사 중심. 책 아래쪽에 어려운 말, 인물에 대한 보충 설명 있음

논어

책 제목	지은이/옮긴이	출판사	비고
논어	공자/오세진	홍익	완역본
어린이를 위한 논어 따라쓰기	HRS 학습센터	루돌프	한글 필사 중심
기적의 명문장 따라쓰기 : 논어 편	박수밀	길벗스쿨	한자와 한글 필사 중심
어린이를 위한 논어 쓰기노트	공자/시사정보 연구원	시사패스	한자와 한글 필사 중심. 책 아래쪽에 어려운 어휘나 인물에 대한 보충 설명 있음

대학·중용

책 제목	지은이/옮긴이	출판사	비고
대학·중용	주희/김미영	홍익	완역본
어린이를 위한 대학·중용 따라쓰기	HRS 학습센터	루돌프	한글 필사 중심

채근담

책 제목	지은이/옮긴이	출판사	비고
채근담	홍자성/김성중	홍익	완역본
어린이를 위한 채근담 따라쓰기	HRS 학습센터	루돌프	한글 필사 중심
어린이를 위한 채근담 쓰기노트	홍자성/시사정보연구원	시사패스	한자 필사 중심

맹자

책 제목	지은이/옮긴이	출판사	비고
맹자	맹자/박경환	홍익	완역본
맹자	맹자/김경윤	파란자전거	배경지식 설명이 잘 되어 있음. 성인이 읽어도 무방함
초등학생을 위한 맹자	조희전	지식과감성#	한글 필사와 간단한 해설

도덕경

책 제목	지은이/옮긴이	출판사	비고
노자 도덕경	노자/황병국	범우사	완역본
열 살, 도덕경을 만나다	우성희	어린이 나무생각	도덕경을 동화로 풀어낸 책

장자

책 제목	지은이/옮긴이	출판사	비고
장자 내편, 외편, 잡편	장자/오현중	홍익	완역본
장자	장자/김경윤	파란자전거	어린이 수준으로 원전에 충실한 해설

목민심서

책 제목	지은이/옮긴이	출판사	비고
목민심서	정약용/이성률	파란자전거	어린이 수준으로 원전에 충실한 해설
소년 사또 송보의 목민심서 정복기	박윤규	크레용하우스	사또 송보가 목민심서의 내용에 따라 문제를 해결하는 동화

열하일기

책 제목	지은이/옮긴이	출판사	비고
열하일기	손주현	책과함께 어린이	코믹한 삽화로 읽는 재미를 높임
장복이, 창대와 함께하는 열하일기	강민경	현암주니어	6학년 2학기 교과서 수록 도서

격몽요결

책 제목	지은이/옮긴이	출판사	비고
격몽요결	이이/이민수	을유문화사	완역본
어린이 격몽요결	이이/한문희	연암서가	아이의 수준에 맞게 격몽요결의 내용을 쉽게 전함

그 외

책 제목	지은이/옮긴이	출판사	비고
손자병법	손무/황병국	범우사	완역본
14살에 시작하는 처음 동양 고전	명로진	북멘토	여러 동양 고전 속 인물들의 서사를 재미있게 안내함. 고학년 아이들에게 추천

아이가 내 마음 같지 않을 때

아이를 움직이는 한 줄 고전의 힘

초판 1쇄 인쇄 2023년 9월 18일
초판 1쇄 발행 2023년 10월 4일

지은이 이은정

대표 장선희 **총괄** 이영철
책임편집 현미나 **기획편집** 한이슬, 정시아, 오향림
책임디자인 김효숙 **디자인** 최아영
마케팅 최의범, 임지윤, 김현진, 이동희
경영관리 전선애

펴낸곳 서사원 **출판등록** 제2023-000199호
주소 서울시 마포구 성암로 330 DMC첨단산업센터 713호
전화 02-898-8778 **팩스** 02-6008-1673
이메일 cr@seosawon.com
네이버 포스트 post.naver.com/seosawon
페이스북 www.facebook.com/seosawon
인스타그램 www.instagram.com/seosawon

ⓒ 이은정, 2023

ISBN 979-11-6822-219-9   03370

서사원은 독자 여러분의 책에 관한 아이디어와 원고 투고를 설레는 마음으로 기다리고 있습니다.
책으로 엮기를 원하는 아이디어가 있는 분은 이메일 cr@seosawon.com으로 간단한 개요와 취지,
연락처 등을 보내주세요. 고민을 멈추고 실행해보세요. 꿈이 이루어집니다.